XIUXIAN YULE ZHONGXIN GUIFANHUA

ZUOYE LIUCHENG FUWU XIJIE YINAN JIEDA

服务业精细化管理系列丛书

休闲娱乐中心规范化

作业流程·服务细节·疑难解答

图解版

李景安　主编

SPM
南方出版传媒
广东经济出版社
·广州·

图书在版编目（CIP）数据

休闲娱乐中心规范化作业流程·服务细节·疑难解答（图解版）／李景安主编. —广州：广东经济出版社，2014.12
服务业精细化管理系列丛书
ISBN 978－7－5454－3618－1

Ⅰ.①休… Ⅱ.①李… Ⅲ.①休闲娱乐－服务业－商业管理－图解 Ⅳ.①F719.5－64

中国版本图书馆CIP数据核字（2014）第232192号

出版发行	广东经济出版社（广州市环市东路水荫路11号11～12楼）
经销	全国新华书店
印刷	广东新华印刷有限公司
	（广东省佛山市南海区盐步河东中心路）
开本	730毫米×1020毫米　1/16
印张	10　2插页
字数	162 000字
版次	2014年12月第1版
印次	2014年12月第1次
印数	1～4 000册
书号	ISBN 978－7－5454－3618－1
定价	30.00元

如发现印装质量问题，影响阅读，请与承印厂联系调换。
发行部地址：广州市环市东路水荫路11号11楼
电话：（020）38306055　38306107　邮政编码：510075
邮购地址：广州市环市东路水荫路11号11楼
电话：（020）37601950　营销网址：**http://www.gebook.com**
广东经济出版社新浪官方微博：**http://e.weibo.com/gebook**
广东经济出版社常年法律顾问：何剑桥律师

前言

精益生产管理技术在制造型企业已得到广泛应用。随着经济的发展，精益思想逐渐渗透到社会的各个层面，日益受到人们的关注。近年来，有关精益管理在服务业，特别是传统服务业，如酒店、餐饮、零售、汽车等服务企业如何运用的话题越来越多。

服务业的精益管理更多的是继承精益生产管理的理念，而非精益生产管理模式。换句话说，精益服务管理是以用尽可能少的投入来获取尽可能多的产出，最大限度地满足客户需求为基本目标的一种管理方法。因而，准确地说“精益服务管理”应被称为“精细化服务管理”。

虽然目前服务业精益管理尚无统一的模式可循，但是本着“精细化服务管理”的基本理念在服务业开展精益管理，也应遵循“为顾客准备好想要的东西；在顾客需要的时间和地点提供价值；不浪费顾客的时间”的原则。服务业是一个管理复杂的行业，其员工多、岗位多、工种多、要求多，管理起来相应地就要费时、费心、费力，若不实施精细化管理，则难以把服务做到位、做得好，也就难以吸引顾客。

精细化管理是将管理工作制度化、格式化、程序化，强调执行力，也就是细分服务对象、细分职能和岗位、细化分解每一项具体工作，并落实到具体的环节中。“精”可以理解为更好、更优，精益求精；“细”可以解释为更加具体，细针密缕，细大不捐。精细化管理最基本的特征就是重细节、重过程、重具体、重落实、重质量、重效果，讲究专注地做好每一件事，在每一个细节上精益求精、力争最佳。

然而，对于一些服务型企业来说，要做到精细化管理谈何容易！许多服务业的创业者、管理者在管理上茫然无措，从而造成成本居高不下、员工总是留不住、每天忙忙碌碌却收益不高等情况出现。

基于此，我们组织编写了“服务业精细化管理系列”丛书。本套丛书涵盖七个方面：便利门店、酒店前厅、酒店客房、酒楼餐厅、汽车4S店、保险销售、休闲娱乐中心。

《休闲娱乐中心规范化作业流程·服务细节·疑难解答》（图解版）由作业流程、服务细节、疑难解答三大模块组成。

◇作业流程。将休闲娱乐中心经营中一些常用的管理流程、工作流程等予以清晰的展示，步骤清晰，一看就懂。

◇服务细节。服务细节则是对休闲娱乐中心作业流程中需要注意的细节的具体分析指导，以弥补作业流程没有具体讲解分析的内容。

◇疑难解答。疑难解答则是对休闲娱乐中心作业流程中经常遇到的问题的一个解释分析，采用提问的形式进行解答，可以让读者直接找到解决问题的方法。

本书最大的特色是将文字图解化，有着大量的图示及解说，内容简单易懂。每章正文前均有一个本章的概括性图示，实现了全面的图解化。

“服务业精细化管理系列”丛书在编写过程中，参阅了大量文献及网上资料，在此，特向所有文献和资料的作者表示衷心的感谢。

目录

第一章　洗浴中心规范化作业流程·服务细节·疑难解答

作为洗浴中心的经营管理者，要想更好地实现对洗浴中心的管理，应实行标准化管理。那么，怎样才能实现标准化呢？标准化就是采用规范的作业流程实施操作，对于其中的服务细节予以分析，最后采用疑难解答的形式解决作业中的常见问题，从而达到精细化管理的目的。

第二章　足浴中心规范化作业流程·服务细节·疑难解答

作为足浴中心的经营管理者，要想更好地实现对足浴中心的管理，应实行标准化管理。那么，怎样才能实现标准化呢？标准化就是采用规范的作业流程实施操作，对于其中的服务细节予以分析，最后采用疑难解答的形式解决作业中的常见问题，从而达到精细化管理的目的。

第三章　KTV规范化作业流程·服务细节·疑难解答

作为KTV的经营管理者，要想更好地实现对KTV的管理，应实行标准化管理。那么，怎样才能实现标准化呢？标准化就是采用规范的作业流程实施操作，对于其中的服务细节予以分析，最后采用疑难解答的形式解决作业中的常见问题，从而达到精细化管理的目的。

第四章 酒吧规范化作业流程·服务细节·疑难解答

作为酒吧的经营管理者，要想更好地实现对酒吧的管理，应实行标准化管理。那么，怎样才能实现标准化呢？标准化就是采用规范的作业流程实施操作，对于其中的服务细节予以分析，最后采用疑难解答的形式解决作业中的常见问题，从而达到精细化管理的目的。

第五章 茶艺馆规范化作业流程·服务细节·疑难解答

作为茶艺馆的经营管理者，要想更好地实现对茶艺馆的管理，应实行标准化管理。那么，怎样才能实现标准化呢？标准化就是采用规范的作业流程实施操作，对于其中的服务细节予以分析，最后采用疑难解答的形式解决作业中的常见问题，从而达到精细化管理的目的。

第一章

洗浴中心规范化

作业流程·服务细节·疑难解答

本章导读

作为洗浴中心的经营管理者，要想更好地实现对洗浴中心的管理，应实行标准化管理。那么，怎样才能实现标准化呢？标准化就是采用规范的作业流程实施操作，对于其中的服务细节予以分析，最后采用疑难解答的形式解决作业中的常见问题，从而达到精细化管理的目的。

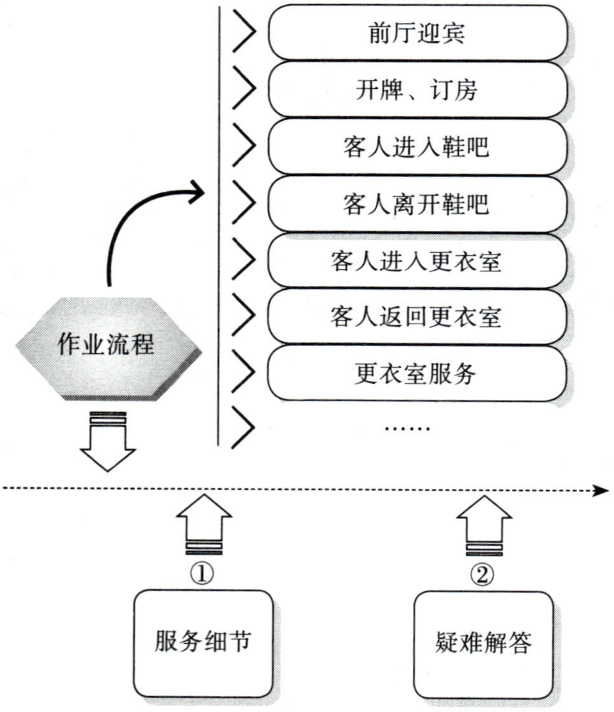

洗浴中心规范化示意图

解说

①服务细节是对作业流程中需要注意的细节的具体分析指导。

②疑难解答是对作业流程中经常遇到的问题的一个解释分析。

第一节　作业流程

流程01：前厅迎宾

前厅迎宾的作业流程如下表所示。

前厅迎宾的作业流程

操作步骤	操作说明
迎宾引领	（1）当保安员通知前厅接待贵宾几位时，迎宾员应做好迎接工作，客人离门口1米时，目光注视客人，同时指引客人进入转门 （2）客人进入大堂后，迎宾员主动微笑迎上前问好“先生/女士，您好，欢迎光临，里边请”并加标准服务手势 （3）引领至换鞋处的过程中，问清客人几位“先生/女士，请问您们是几位/是否同来”有时间可推销促销项目
领取手牌	迎宾员引领客人到达总台后，帮助客人领取手牌、鞋牌、鞋夹，并且送到客人手中
引领换鞋	鞋吧服务员认真核对手牌、鞋牌、鞋夹，将鞋夹夹于客人鞋上，鞋牌放于鞋里，手牌交回客人
引领更衣	客人换完鞋后迎宾员将其带到电梯处协助叫梯，并礼貌的告知客人男宾××楼，女宾××楼
站位服务	如有客人在大堂等候时，大堂服务员应主动帮助客人倒杯水，同时道声“先生/女士，请慢用！”
引领埋单	浴区服务员通知前台接待贵宾几位，由迎宾员引领客人到前台结账，结账后引领客人到鞋吧换鞋

流程02：开牌、订房

开牌、订房的作业流程如下表所示。

开牌、订房的作业流程

操作步骤	操作说明
开牌	前台服务员发手牌时注意把一起来的客人的手牌分开发放，避免客人在更衣室拥挤，把手牌交到迎宾员手中，由迎宾员引领客人到鞋吧换鞋，进入开牌程序，前台服务员将所发放手牌号输入电脑中，随后在“客流量登记表”上登记
换牌	前台服务员在十五分钟内接到客人换牌通知后，收回原手牌，然后为客人换新牌。换牌程序是将原手牌换新手牌，交到代换牌人员手中，并转交客人，然后把原手牌客流量登记表作废，由部长签字，重新填入“客流量登记表”
订房	（1）前台服务员问清楚客人有几位及其需求（麻将、卫生间、豪华、普通），“先生/女士，请问您几位？我们这有……” （2）选择好房间后按房态表给客人订房（手牌号，预订时间，入房时间，退房时间，客人姓名）并及时用电话或对讲机通知楼层吧台（手牌号，预订时间）然后进入订房状态，将所预订的空房转为预订状态

流程03：客人进入鞋吧

客人进入鞋吧服务的作业流程如下表所示。

客人进入鞋吧服务的作业流程

操作步骤	操作说明
接过手牌	鞋吧服务员从迎宾员手中接过客人手牌（前台发手牌未确定是发放到客人手中还是门童或迎宾员手中），请客人坐下协助换鞋，并同时将相对应的鞋牌夹在客人鞋子上（不可夹错）
询问擦鞋	询问客人是否擦鞋，免费为客人提供除尘服务

（续表）

操作步骤	操作说明
↓ 归还手牌	夹好鞋牌后及时将手牌交回客人手中（确认客人、手牌、鞋牌一致）

流程04：客人离开鞋吧

客人离开鞋吧服务的作业流程如下表所示。

客人离开鞋吧服务作业流程

操作步骤	操作说明
备鞋 ↓	当更衣室离店手牌号传达过来时，先将鞋准备好
取鞋 ↓	总台结完账，把取鞋牌拿过来时，鞋吧服务员应把清洁好的鞋放到客人面前说："先生/女士，这是您的鞋吗？我们已经为您清洁好了！"
送客 ↓	客人换完鞋后，欢送客人，如客人寄存贵重物品，提醒客人勿忘取走
还牌	客人离去后，将回收的取鞋牌集中放好，在每班交接班后，将取鞋牌送回总台

流程05：客人进入更衣室

客人进入更衣室服务的作业流程如下表所示。

客人进入更衣室服务作业流程

操作步骤	操作说明
引领 ↓	迎宾员将客人引领到更衣室门口时，更衣室服务员应鞠躬致意问好，接过客人的手牌，看清楚后，说："先生/女士，××号箱在这边，请随我来（这边请）。"

（续表）

操作步骤	操作说明
开箱	（1）将客人引领到更衣箱前，为客人打开箱后，回到更衣室里的原岗位(进入更衣室门口处) （2）为客人开柜时，注意柜门及锁是否完好 （3）客人不喜欢在更衣时看到太多服务员，更衣由客人自己处理 （4）服务员在工作完毕后应迅速离开客人视线，站到自己岗位
锁箱	客人衣物及物品放好后，锁上门，锁好后当面拉一下，并告诉客人“您的衣箱已经锁好了！”然后将手牌交予客人

流程06：客人返回更衣室

客人返回更衣室服务的作业流程如下表所示。

客人返回更衣室服务作业流程

操作步骤	操作说明
迎接	客人回到更衣室时，更衣室服务员应询问：“先生/女士，您休息好了，您还需要其他服务吗？”
更衣	（1）如客人取物品，侧面向客人，把箱打开，客人自己取完物品后，锁好门拉一下，告知客人“箱已经锁好了，请拿好手牌！”然后指引客人路线 （2）如客人埋单，服务员应侧面向客人把箱打开，更衣室和水区的服务要求保持适当的距离，在客人更衣的同时应分析客人的需要向客人推销更衣室的商品 （3）检查客人换下的睡衣口袋，看有无遗留物品，事后发现是服务人员的责任 （4）客人二次返回开箱时，询问客人姓氏和箱内手写板记录是否相符，如不相符，应立即上报主管处理
锁箱	客人穿好衣服取完物品后，提醒客人：“先生/女士，请带好您的随身物品，您看还有没有遗留物品？”
结账	服务员把更衣柜锁好后，把手牌交给客人，指引客人至接待厅或总台结账，先结账后换鞋

流程07：更衣室服务

更衣室服务的作业流程如下表所示。

更衣室服务的作业流程

操作步骤	操作说明	操作标准
站位迎宾	（1）当客人进入一更区时，更衣室服务员应主动向客人问好："您好！请您出示手牌。" （2）确认客人手牌号码后道"您这边请。"准确将其带至相应的更衣柜前	保持标准站姿，语言清晰，始终保持微笑
更衣服务	（1）双手接过客人的手牌，打开衣柜，为客人提供挂衣服务 （2）在客人更衣完成后，为客人递送毛巾，站在客人右侧示意客人围浴巾 （3）留意客人是否有遗漏物品，当面确认锁好柜子，请客人保管好手牌，并引领客人进入浴区	语言清晰，手势规范，检查迅速，做好提醒服务
客人洗浴完毕后更衣服务	（1）客人洗浴完毕后，主动向客人问好："请问有什么可以帮您？" （2）引领客人到相应的衣柜前，为客人提供更衣服务 （3）提醒客人检查衣柜内是否有遗留物品，"请带好您的随身物品。" （4）如客人只是取物品，则帮助客人打开衣柜，请客人取出物品后再帮助锁好柜子	主动热情，语言标准，手势规范，做好提醒服务
礼送客人	"您这边请！"引领客人至更衣区出口，提醒接待员引领客人结账	手势标准，面带微笑，礼貌用语规范
复位查柜	（1）送完客人后，迅速复位检查，打扫更衣柜卫生，补充衣柜内的物品（毛巾、浴巾）更换消毒拖鞋 （2）关闭更衣柜以备待客	检查程序合乎要求，仔细认真，复位迅速，时间控制在1～3分钟之内

流程08：二次更衣服务

二次更衣服务的作业流程如下表所示。

二次更衣服务的作业流程

操作步骤	操作说明	操作标准
站位迎宾	更衣室服务员主动向客人问好："您好！"	面带微笑，语言清晰
↓ 干身服务	为客人递送干拖鞋，同时用浴巾及时为客人擦拭背部，并向客人介绍会所的特色疗程	态度诚恳，擦身动作熟练
↓ 二次更衣	等客人擦干身体，得到客人证实后推荐合适的泳装给客人。如想直接去疗程区的客人，以及做完SPA之后想去疗程区的客人，向客人推荐一次性浴服，并为客人提供更衣服务	用语规范，语言真诚。动作熟练，服务快捷
↓ 礼送客人	引领客人至二更区出口	语言到位，手势标准

流程09：客人进入水区

客人进入水区服务的作业流程如下表所示。

客人进入水区服务的作业流程

操作步骤	操作说明
引领	更衣室服务员示意客人进入沐浴区，先引导客人淋浴，"××先生/女士，您好，淋浴这边请！"
↓ 淋浴 ↓	（1）水区服务员需不定时地在淋浴间巡逻，注意是否有需要服务的客人 （2）注意每个沐浴间内漱口杯及其他浴品是否足够，应及时进行补充 （3）在客人离开淋浴间后，及时清理并检查混水阀是否归位，以防烫伤客人或使客人受凉水刺激

（续表）

操作步骤	操作说明
↓ 泡池	（1）客人淋浴出来后，介绍各水池功能和桑拿干湿蒸房，询问客人是泡一泡还是蒸一蒸，如客人选择泡池应提醒客人水温，招呼客人慢慢进入泡池，特别是醉酒或老年客人，并询问是否需要饮品 （2）客人出池时注意关照客人，以免刚出池引起低血糖或地滑摔倒，要特别关照老人和儿童。跟进水区中央休息区、卫生间、地面、干湿蒸房的卫生及坐浴薄膜或其他用品配备是否齐全
↓ 桑拿	当客人过来桑拿时主动为客人拉门，为客人铺上消毒坐巾，询问客人是否需要冰巾和冰水，为进入干蒸房的客人递上冰巾和冰水，出来后要及时清理干净地面
↓ 推销	（1）客人从池中或桑拿房出来后询问客人是否需要搓澡，并引领至搓澡区 （2）如搓澡区需等待，先下单排号，请客人到搓澡等候区等待或建议客人到蒸房。客人在等待时可以征询其是否需要饮料或果盘
↓ 洗漱	水区服务员及时检查洗漱台上的物品是否配备充足，如客人到洗漱台时，告知客人洗漱用品的具体位置

流程10：客人进入干身区

客人进入干身区服务的作业流程如下表所示。

客人进入干身区服务的作业流程

操作步骤	操作说明
干身	客人浴毕从水区出来时，浴区服务员为客人递上一条干净的浴巾，引领客人到红外线干身机处干身
↓ 推销 ↓	（1）询问客人使用消毒睡衣还是一次性睡衣或商品睡衣（以销售商品睡衣为主） （2）询问客人是否需要饮料或按摩服务

（续表）

操作步骤	操作说明
↓ 更衣	客人更衣时，服务员应与客人保持适当的距离，不要长时间观察客人，以免造成客人反感
↓ 征求意见	客人更完衣后，服务员介绍客房、休闲区、娱乐区、自助餐厅、休息厅等，然后根据客人意见，指引路线。如客人需要到按摩房，及时通知大堂办理相关手续

流程11：客人返回干身区

客人返回干身区服务的作业流程如下表所示。

客人返回干身区服务的作业流程

操作步骤	操作说明
引领	客人从电梯返回时，干身区服务员询问“××先生/女士，您有什么需要或者是否埋单？”根据需要指引通道
↓ 更衣	客人返回二次更衣，如果是埋单，客人脱下睡衣，服务员应及时当面翻开衣袋检查是否有遗留物品（手机、现金等），然后将睡衣放入布草回收桶，如果是商品睡衣（非一次性）装好袋交给客人或寄存会馆，为寄存客人开据“寄存物品单”注明寄存物品名称，请客人签名确认

流程12：浴区服务

浴区服务的作业流程如下表所示。

浴区服务作业流程

操作步骤	操作说明	操作标准
站位迎宾 ↓	浴区服务员主动向客人问好，“您好！”	面带微笑，语言清晰 站姿标准

（续表）

操作步骤	操作说明	操作标准
↓ 浴区服务	客人进入浴区后“您好，淋浴请这边！”将客人引领至淋浴区，主动为客人调试淋浴水温，向其介绍水温调试方法	用语规范，动作娴熟，设备操作熟练
↓ 蒸汽房服务	（1）若客人欲进入蒸汽房时，服务员主动为客人拉门，并铺好地巾 （2）客人进入蒸汽房后，及时送上冰水和冰巾 （3）蒸汽房无人时，温度高时可以将门打开，温度低时及时往桑拿石上洒水 （4）时刻关注房中客人情况	态度诚恳，托盘服务，了解掌握蒸汽房的知识，为需要的客人介绍洗桑拿的正确方法及注意事项。提醒客人使用时间不宜过长
↓ 搓背服务	服务员应主动向客人介绍搓背服务：“您好，请问您需要搓背服务吗？我们这里的技师都是经过专业培训的，手法很好。”如果客人需要，将客人引领至搓背区“请稍等，技师马上过来为您服务！”	面带微笑、手势标准、推销语言适度、切忌过度推销
↓ 引领客人至二次更衣区	“您这边请。”引领客人至二次更衣区	语言到位，手势标准

流程13：搓背服务

搓背服务的作业流程如下表所示。

搓背服务的作业流程

操作步骤	操作说明
迎客 ↓	服务员站在预定位置（大池旁迎接客人，热情主动询问客人是否有助浴需求，引导客人进入助浴区

（续表）

操作步骤	操作说明
助浴前	（1）礼貌问候："先生/女士，下午（晚上）好，欢迎光临××，我的工号是×××，很高兴为您服务。" （2）擦背床上铺设大浴巾，洁白干净。引导或搀扶客人仰卧在擦背床上，再帮客人盖上一条大浴巾 （3）将擦背巾用"大包"和"小包"手法折好，做好擦背前的准备工作（"大包"较薄，便于全身均匀用力；"小包"较厚、较细、小部位难以顾及） （4）观察客人皮肤肤质（中性、干性、油性），以便有针对性地用相应的手法、力度去擦
助浴服务	（1）询问客人手法轻重与否，适时调节 （2）根据客人性格，可主动与客人攀谈，宣传沐浴文化 （3）擦背结束（20分钟）热情主动介绍休闲会所的特色助浴的功效 （4）奶浴和盐浴共耗时约25分钟 （5）盐、奶浴做完后对客人后背和腿部、脚部进行按摩式的敲打，要求声音清晰，节奏鲜明。达到响而不重、重而不痛，手法流畅自然，让客人做完后，全身轻松自在，一扫疲劳倦意 （6）洗头：为客洗头以抓、按为主，洗完后让客人感觉到头发清爽、飘逸
助浴后	（1）擦背技师应落落大方、彬彬有礼 （2）全部助浴结束后，主动替客人洁洗身上残余的盐、奶等残留物 （3）对提出其他需求和咨询的客人也应有礼貌地给予答复 （4）开具服务清单，字迹清晰、正确，请客人签字或手牌确认 （5）热情送出，礼貌告别："××先生/女士，慢走，欢迎再次光临！" （6）及时送出服务清单到总台录入确认

流程14：搓背服务（正面）

搓背服务（正面）的作业流程如下表所示。

搓背服务（正面）作业流程

操作步骤	操作说明
颈部	站于客人右侧，与客人身体保持一定的距离，不要接触，左手轻扶客人下巴，右手以碎式搓法上下轻搓颈部，从左至右，延及肩头，动作要轻、碎、快，用四指部位，灵活下搓
肩部	左手轻扶客人脸部耳后部，右手以左右方向平搓，肩头用圈搓法打圈轻搓，灰垢赶至胸部
胸部	根据客人的皮肤类型掌握力度轻重，根据男女区别掌握手法的不同，从胸部右侧至左侧慢慢移动，基本以向下搓的手法进行，力度一定要轻且每一个动作从开始到结束右手都不能抬起来
手臂	搓手臂从右手臂开始，结束后绕至客人左侧搓左手臂。从手部开始，用上推式搓法搓手背、手心，再用侧搓法从大拇指到小手指轻搓指缝；然后是手臂部分，分两部分，先是上手臂，然后是前手臂，手臂要从外到里搓四面，主要用上推式搓法；肘部用圈搓法轻搓，施力要轻；手臂内侧施力要轻，手臂外侧施力可稍重；灰垢自下往上，推赶至胸部
腹部	站在客人右侧，顺着客人身体方向用上推式搓法在腹部以上下方向慢搓；然后正对客人身体用平搓法以左右方向、T字形慢搓，施力稍重但柔慢；身体仰卧时胸腔骨凸起部位，要沿骨凸方向向两侧轻搓；肚脐部位用圈搓法先逆时针再顺时针揉搓，腹部全部搓好后，要将右手放于肚脐轻轻揉压，时间为15秒钟
髋部	顺着腹股沟斜方向轻搓，适当运用圈搓法，灰垢推向腹部集中于一处
腿部	从右腿至左腿，搓腿要搓四面，搓右腿从内侧开始，搓左腿要从外侧开始。从小腿开始，用上推式搓法搓小腿外侧、正面、内侧，搓大腿同样用上推式搓法搓大腿内、外侧、正面；然后轻轻把腿抬起，用圈搓法揉搓膝部；以膝部为起点，分别用上推式搓法向下搓小腿、大腿，搓腿时，要根据腿部皮肤的质地不同用力不同。搓腿部内侧及大腿根部时，用力一定要轻，掌握分寸，手不能直接接触腿部的皮肤

（续表）

操作步骤	操作说明
↓ 脚部	搓脚时，从脚趾处开始用上推式搓法轻搓脚面、脚两侧，然后搓脚趾，要每个脚趾先看后搓，如有脚气或皮肤病等症状要征求客人的意见，用侧搓法由各个脚趾依次轻搓

流程15：搓背服务（侧面）

搓背服务（侧面）的作业流程如下表所示。

搓背服务（侧面）的作业流程

操作步骤	操作说明
颈部 ↓	右手横放于颈部左右平搓，用力要轻
肩部 ↓	右手平放在肩部来回轻搓，用圈搓法搓肩部
臂部 ↓	臂部搓法与身体仰卧时手臂的搓法一致
腰部 ↓	把客人手臂抬起放于头部，右手横放于身体侧腰处，以左右方向、上下方向平搓，用力要轻，且每个动作从开始到结束手都要平稳地贴在皮肤上
臀部 ↓	右手用上推式搓法搓臀部一侧，用力以上推为重，下拉为轻，注意不要直接用手触及皮肤
腿部	先搓在上的腿，先搓腿的外侧，从下往上，分小腿、大腿两部分，重点用上推式搓法，搓好后，轻轻将在上面的腿抬起放于一侧，开始搓下侧的腿，以搓腿的内侧为主

流程16：搓背服务（背面）

搓背服务（背面）的作业流程如下表所示。

搓背服务（背面）的作业流程

操作步骤	操作说明
颈部	后颈用碎式搓法轻搓，灰垢向下赶至背部
背部	技师立于客人右侧，先是顺着背部方向上下搓，从左至右搓一遍；然后把右手横放于背部，从左至右，上下平搓一遍。背部一般要搓两遍
臀部	用上推式搓法自下向上搓，上推为重，下拉为轻，从外侧向里，掌握用力分寸
腿部	腿部后侧主要用平搓法，从左腿至右腿，自下往上，先搓小腿再搓大腿，把手横放于腿上，以左右或上下方向平搓，膝部后侧要轻搓且慢
脚部	轻搓脚心及脚两侧

第二节　服务细节

细节01：更衣室卫生质量标准

更衣室卫生质量标准如下图所示。

标准1　地面干净，无灰尘、无纸屑、无头发、无水迹等

标准2　更衣室内空气流通顺畅，清新无异味

标准3　更衣柜内外洁净，无灰尘、无杂物、无头发、无水迹等

标准4　沙发坐椅表面干净，无尘、无毛发，沙发坐椅底下无杂物，所铺浴巾洁白干净，无污迹、无毛发、无碎屑等

标准5	电视机、饮水机、商品架、挂钟、地秤、电话机、电源开关表面干净无尘
标准6	梳妆台台面干净无杂物，梳妆用品干净，无指印、无水迹、无溢出用品
标准7	绿化饰品干净无尘，按规定要求悬挂、摆放，美观大方
标准8	抹布、拖布、簸箕等清洁工具用后要及时隐藏，不允许放于更衣室表面，应放在客人看不到的规定位置
标准9	浴衣消毒柜内外干净，浴衣叠放整齐
标准10	存放脏浴衣、浴巾的塑料桶表面干净无污迹，随时加好桶盖

更衣室卫生质量标准

细节02：洗浴区卫生质量标准

洗浴区卫生质量标准如下图所示。

地面	保持干净，无泡沫、无毛发、无杂物、无大量积水、无水锈污迹等
坐浴区	台面干净，无积水、无杂物、无毛发；坐浴镜面干净光亮，无水迹、无沾附泡沫、无毛发；座椅干净，无水迹、无脏物、无毛发
淋浴区	洗浴用品架干净，无积水、无泡沫、无毛发；洗浴用品瓶面干净且摆放整齐；香皂盒干净，无黏液；淋浴喷头、淋浴杆干净，无水锈、无污渍
水池	水池内水质清洁，无沉淀物、无漂着物，清澈见底，且为循环水；水池台面干净，无积水、无杂物、无水锈痕迹；水温适度，应控制在规定的温度指数内

桑拿房、蒸汽房	空气清新，无异味；温度、湿度适度，应控制在规定的标准指数内；地面、座椅干净，无积水、无杂物、无毛发等，玻璃光亮洁净
卫生间	便槽和马桶内外壁、水箱表面干净光亮，无水垢、无黄垢、无污渍等脏物；墙壁及死角干净无尘、无水迹、无毛发等杂物；垃圾桶干净，无污迹，垃圾要及时清倒，不超过桶的1 / 2；卫生纸盒内外干净无尘，卫生纸用尽要及时更换
其他	绿化饰品干净无尘，按规定要求悬挂、摆放，保持美观大方；抹布、拖布、簸箕等清洁工具用后要及时隐藏，应放在客人看不到的规定位置；空调、灯具表面洁净、无尘且运转正常

洗浴区卫生质量标准

细节03：擦背手法

擦背手法的技术讲究“贴得紧，搓得实”，力度以客人能承受为最佳；要求持久、有力、均匀、柔和；做到“重而不痛，轻而除垢”。常用的擦背手法如下图所示。

推按擦法	运用于皮下脂肪厚、搓擦面积大的部位，如前胸肌部、臂部及四肢等部位。运用单手或双手掌着力并紧贴皮肤，做往返推拉等节律性的直线运动
揉擦法	运用单手或双手掌着力于皮肤小幅度做轻柔、短暂的划圈运动，常用于关节连接的皮肤外部及皮肤细嫩有皱折的肘部、膝部、乳头等部位
提抹法	推按搓法和揉擦法动作的延续动作，运用手掌内侧的小鱼际部位或手指背面，轻快地消除堆积在皮肤上的污垢。此方法适用人体全身各部位
侧擦法	用手掌小鱼际部位在人体手丫、脚丫等凹陷部位做推拉运动

擦背手法

细节04：单据传送

单据传送细则如下图所示。

入房单、退房单	由填单人持单到吧台，经输单员在存根联盖章后，输单员持核算联输单。并把此单交与财务
按摩单	由填单人持单到吧台，经输单员在存根联盖章后，输入电脑打出小票交与技师，技师凭此小票到财务结账，输单员把存根联交与财务
酒水单	由服务员到吧台填写，输单员在酒水联盖章后，输入电脑，酒水员留酒水联付货，并把此单交与财务
更衣商品单	由更衣室服务填写，然后到输单处盖章，输单员持存根联输入电脑。（存根应留存记账，核算交付财务）
擦鞋单	由鞋吧服务员填写，然后到输单员处盖章，输单员持存根联输入电脑。（存根联自留，核算联交财务）
洗衣单	由更衣室服务员填写，到输单处盖章后输入电脑打出小票后，连同衣物一起送洗衣房，洗衣房在存根联上签收后，存根联由服务员带回；取衣物时，服务员须持存根联，洗衣房验证后，由服务员在洗衣房核算联上签收可付货，然后洗衣房持小票到财务提成，输单员将存根联保存交财务
搓澡单	由技师自己填写，输单处盖章，输单员打出小票给搓澡技师以便提成，输单员留存根联交财务
点菜单	由服务员填写，到吧台盖章后，服务员留存根联，传菜联及厨房联由传单员传到传菜部，核算联由吧台输单后送交财务

单据传送细则

第三节　疑难解答

问题01：怎样为客人预订包房

一般来讲，客人的预订信息有两种情况：

1．外线电话预订

在这种情况下，首先要问清客人的姓名、地址、联系方式、洗浴人数及到达时间，然后做好预订登记。告诉客人到达鞋吧拿到手牌后，跟总台说明预订的房间号，注意一定要告知预订的客人包房最多可保留多长时间。

2．内线电话预订

这时需要问清客人的手牌号及需用房间的标准，做好预订登记，并告知客人该房间的保留时限。

一般情况下，包房的保留时限为：内线电话预订为1小时，外线电话预订为到达时间后1小时。

问题02：更衣室服务需注意哪些事项

更衣室服务需要注意以下事项：

（1）服务员帮助客人更衣时，服务员切忌用眼睛直盯着客人的身体，应侧目取衣。

（2）帮助客人脱衣、挂衣时，一定注意不要将裤子、大衣口袋里的物品掉落在地上。

（3）帮助客人朝更衣柜里放东西时，要将客人的手机、公文包放在更衣柜内侧，提醒客人保管好物品。

（4）时刻注意消毒柜的线路和消毒物品的安全，非高峰期可关闭一段时间，保证其正常运转。

（5）客人测量体重时，需要帮助时方可上前，一般情况下，不要趋前观看客人体重，以免引起客人反感。

（6）客人需要洗衣时，一定要检查衣服有无破损处、有无污垢难洗处，并且及时提醒并做好记录。

问题03：哪些症状者不适宜作桑拿浴及蒸汽浴

为了保证客人的身体健康与生命安全，如有下列症状者皆不适宜作桑拿浴及蒸汽浴：

（1）饮酒后。

（2）暴食后。

（3）严重心脏病患者。

（4）高血压者。

（5）脑溢血患者。

（6）身体不适者。

（7）皮肤病、性病、艾滋病及其他传染病患者。

问题04：洗浴区服务要注意哪些事项

洗浴区服务要注意以下事项：

（1）提供服务或服务等待时，不允许直视客人身体，并且注意与客人之间保持一定的距离。

（2）随时提醒客人小心脚下，防止滑倒。

（3）向客人推销项目时，要解释清楚收费的项目和免费的项目。

（4）保持排风扇的正常运转，以使浴区内的空气流畅清新。

（5）随时提醒客人正确使用桑拿房及蒸汽房，特别是勿靠近桑拿房内的桑拿炉，避免烫伤。

（6）随时注意桑拿房、蒸汽房、池浴的温湿度是否正常；要及时冲洗桑拿房、蒸汽房，保持其空气清新通畅，防止异味产生。

（7）桑拿房温度不宜太高，以免烤炸玻璃伤到客人，或因桑拿房内排椅上的铁钉温度太高烫伤客人。

（8）随时提醒皮肤病患者不允许进入热水池，心脏病、高血压、醉酒客人不能进入桑拿房、蒸汽房或热水池；并适当提醒在桑拿房、蒸汽房内的客人不要待太长时间，并随时巡查。

（9）随时保证公共浴品的充足使用，注意设施是否正常运行，如有故障，要及时报修。

（10）随时注意卫生维持状况，保证环境干净整洁，垃圾桶随时更换，烟灰缸保证一客一换，缸内不能超过三个烟蒂，卫生间无异味。

（11）浴区的下水道要及时清理，以免地排口积存污垢产生异味。

（12）适当地介绍设备的位置及使用方法，向客人介绍水温、室温。

（13）向客人征询是否搓澡、是否要饮料或其他方面服务的需求。

（14）主动提供客人所需的浴区物品，及时提供客人要求的各项服务。

（15）在客人进入干、湿蒸房时，要注意观察，并随时为房内加水。

（16）及时按照时间顺序调整室内灯光与各浴房温度。

（17）节约水源，水龙头随时关闭，避免常流水，减少跑、冒、滴、漏。

（18）填单要及时、真实、清楚、完整，走单要及时。

问题05：怎样处理顾客之间的相互埋单

（1）先走未结。当要走的客人不埋单，而留下由后走的客人埋单时，须下转账单，把先走客人的账单结算出来，注明消费金额，经双方确认签字后，把该账单放在埋单人的手牌盒内。同时，电脑账单中，做好转账处理。

（2）两伙客人不是一起进入，手牌没有登记在一起，在双方都未结账前通知总台由其中的一方埋单。首先填写转账单，经埋单人签字后把该账单连同转账单一起放在客人的手牌盒内，然后在电脑账单上做好转账处理。当区域服务员遇到上述情况时，分别问清埋单人与被埋单人的手牌号，填写转账单，由埋单人签字后送交总台。

第二章

足浴中心规范化作业流程·服务细节·疑难解答

本章导读

作为足浴中心的经营管理者，要想更好地实现对足浴中心的管理，应实行标准化管理。那么，怎样才能实现标准化呢？标准化就是采用规范的作业流程实施操作，对于其中的服务细节予以分析，最后采用疑难解答的形式解决作业中的常见问题，从而达到精细化管理的目的。

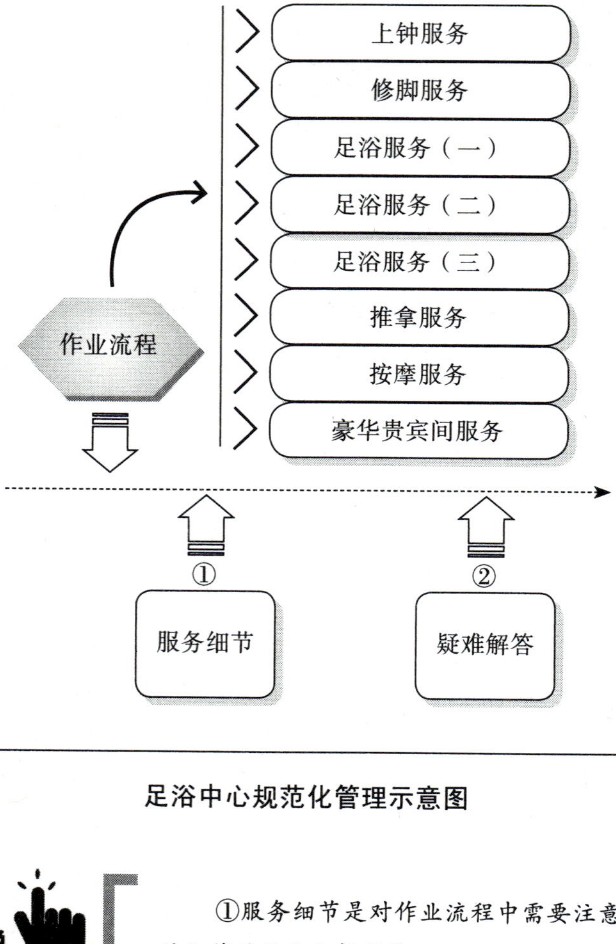

足浴中心规范化管理示意图

解说

①服务细节是对作业流程中需要注意的细节的具体分析指导。

②疑难解答是对作业流程中经常遇到的问题的一个解释分析。

第一节　作业流程

流程01：上钟服务

上钟服务的作业流程如下表所示。

上钟服务的作业流程

操作步骤	操作说明
准备	当技师接到上钟通知后先整理好个人仪容仪表，到布草房准备好服务用品（一袋按摩油、一袋药水、一袋沐浴露、一次性毛巾）在规定的时间——三分钟内到达房间
开门	先轻敲三下玻璃窗，“您好！服务员”，得到客人允许后方可进入房间
进房	（1）面带微笑开门主动向客人问好并行素养礼，如果是两人以上的房间，走在第一位的技师应向所有客人打招呼 （2）走在后面的技师应微笑向客人示意，再面向客人轻轻关上房门 （3）客人更换衣服时，技师应退出房间，以标准站姿在门外等候约2分钟
衣物整理	（1）客人换好衣物后技师应敲门进入，先将客人衣服以正确方式挂于衣架，客拖以鞋尖向墙根的方式放置于电视机下 （2）两人以上客房一定要清楚所服务客人衣物的特征，以免中途混淆
床位整理及放水	（1）在为客人提供服务前，先将按摩床靠背调至客人所需位置并询问客人高度是否合适，若不合适马上调整 （2）将床单叠至标准位置，并取下足浴桶盖放至规定位置，将一次性泡脚袋套在桶上，将药水倒入桶中，放水至标准水位 （3）将客人的左脚缓慢轻放于桶中询问客人水温是否合适

流程02：修脚服务

修脚服务的作业流程如下表所示。

修脚服务的作业流程

操作步骤	操作说明
准备工作	（1）统一工作服、工作鞋、工号牌等 （2）事前打磨好平刀、锛刀、条刀、铲刀、刮刀等全套刀具，保证刀口锋利，齐全顺手 （3）修脚刀事前放工具盒中，用消毒液浸泡至少15分钟 （4）检查修脚座灯是否完好，毛巾（每人两条，“一客一换”）是否干净、消费清单是否齐全等 （5）上客前，在休息室内不得随意外出、按照顺序候工
修脚前	（1）带好坐凳、工具盒、座灯、毛巾等必需的具体物品 （2）礼貌招呼客人，“先生/女士，您好，我是×××修脚技师，很荣幸为您服务”。 （3）挪开座脚凳，插好座灯，对准客人脚部，指导客人睡姿 （4）取出一条地巾铺在地毯上，防止脚趾甲、脚皮等碎杂物落入地毯上 （5）用毛巾叠好放在自己的膝盖上，将客人脚搁在毛巾上 （6）修脚前的“望、问、切”。“望”：直接观察客人的脚部各个细微部分；“问”询问客人有哪些脚病、脚痛、有无治疗史，治疗效果如何等；“切”用手触摸“感觉”脚趾甲、脚皮肤、脚丫等，向客人介绍修脚内容和方法
修脚中	（1）拿出刀具后，用毛巾擦干刀具上的水迹，根据客人具体需求和要求确定修脚的具体方法 （2）修完一只脚后，替客人将脚丫的碎杂物擦试干净，用毛巾将脚裹起 （3）左手持脚用力稳定，捏脚、卡脚、抠脚以及拢攥、挣推准确到位；右手持刀的推力、拔力、拱力、抖力、捻力、抹力要旋转灵活 （4）根据客人脚情，要采取相应适当的方向不同、位置不同、角度不同的抢、抹、平、立、坡、盘、劈、合、翻、挺等刀法，并施用抢刀术、断刀术、劈刀术、片刀术、起刀术、撕刀术、挖刀术、分刀术，圆满完成修脚绝活 （5）注意要保证坐凳适中、脚灯适度、毛巾卫生、药水消毒

（续表）

操作步骤	操作说明
↓ 修脚后	（1）开具服务清单，请客人签字确认，要求金额、项目、客人手牌号、工号等填写正确清楚 （2）礼貌告别客人："先生/女士，您好好休息！" （3）带好修脚刀具，座灯、毛巾、坐凳等物品 （4）及时送交服务清单到收银台录入确认

流程03：足浴服务（一）

足浴服务的作业流程如下表所示。

足浴服务（一）的作业流程

操作步骤	操作说明
准备用具 ↓	（1）技师听到前台工作人员叫钟后，高声答"到"，迅速到杂工房拿取工具箱 （2）上钟行进中，工具箱用右手提，到达客人面前，用双手提起工具箱置于体前
列队 ↓	（1）以排钟先后顺序排成纵队走到指定的房门前，第一位技师先敲门三下，得到客人允许后方可进入房间 （2）注意：技师接到上钟指令到进入房间，时间需要控制在3分钟内
问候 ↓	技师进入房间后，向房间内的客人问候："先生/女士，您好"。同时面带微笑地走到对应的客人面前鞠躬（30度左右），用甜美、轻柔的声音亲切地说道："先生/女士，您好，我是××号技师，很荣幸为您服务"，然后将工具箱统一放在右侧与身体平行位置
提供服务 ↓	（1）帮客人脱鞋、脱袜子，并将袜子叠好对应地放入客人的鞋内；询问客人是否需要擦鞋 （2）与客人确认足疗产品，根据客人情况合理推荐产品。明确项目后请客人稍等去打泡脚水。水打到占木桶2/3满，水温一般调试到45度左右 （3）敲门进入房间，"不好意思，让您久等了"，将木桶放在垫脚凳旁，用单手托起客人的双脚，另一只手挪开垫脚凳，将客人的双脚轻放在垫脚凳上，将木桶放到合适的位置上

（续表）

操作步骤	操作说明
提供服务	（4）检查客人双脚，如有创口应帮客人贴好创可贴。在客人面前试一下水温，请客人“高抬贵脚”，将客人的脚轻轻放入水中，并征询“先生/女士，您觉得水温合适吗？”；如客人感觉水温不合适，就根据客人的需要调试水温至合适为止 （5）移动垫脚凳到合适位置，请客人坐到垫脚凳上：“先生/女士，请坐到这边按背，小心桶滑”，协助客人坐到垫脚凳上，用专用的消毒液对自己的双手进行消毒，使用披肩为客人按摩肩部 （6）技师在给客人按摩肩部时，应询问客人“先生/女士，请问这样的力度合适吗？”如客人需要调整手法力度，应当即时调整 （7）按照技术操作程序完成颈、肩、背、腰、手等部位的按摩和放松 （8）按摩完背部之后，协助客人坐回沙发，根据客人需求为其盖好浴巾。然后帮客人按摩大腿，清洗双脚，洗脚时放松的重点在反射区，然后用毛巾帮客人把两脚擦干净，征询其意见，用专用的消毒液消毒自己的双手和客人的双脚，涂抹按摩油放松右脚1分钟，用干毛巾将客人的右脚包好 （9）依照技术操作流程的开始按摩足部和小腿。在按摩过程中要时常征询客人的感受并即时调整力度，对出现亚健康状态的反射区应重点加强力度，技师间要相互配合，力求动作标准、一致。 （10）按完足部和小腿后，将客人脚上的按摩油擦干净，请客人稍等，去拿热毛巾给客人敷脚；如客人要求洗脚，去杂工房打一桶清水，将客人的脚放在垫脚凳上，放好木桶，将客人的双脚放在木桶边缘，洒少量的水，涂抹沐浴露，清洗过后，用毛巾将沐浴露擦干净。用清水洗净双脚 （11）将客人的双脚清洗干净或敷过热毛巾后，使用小锤子有节奏地敲打客人的基本反射区，这样能起到疏通经络的作用。要求同一房间的技师操作动作要标准、一致 （12）使用火罐拔客人的涌泉穴，使用艾条灸客人的足三里，根据客人要求涂擦爽身粉 （13）巧妙地引导客人加钟或继续消费其他项目 （14）为客人拿取鞋子，询问客人是否需要免费赠送的袜子，将鞋子放在垫脚凳右侧，帮助客人穿好袜子

（续表）

操作步骤	操作说明
提供服务	（15）巧妙地向客人推荐会员卡，套票等，以达到稳定客源、回馈客人的目的 （16）询问客人是否需要免费提供的养生茶、养生粥、汤圆、水饺等食品，如客人有需要应立即通知水吧准备 （17）询问客人是否需要免费洗头 （18）将操作用具整理好后，放在托盘内
结算退房	帮助客人结算，“先生/女士，您的服务已结束！请问需要我为您们埋单吗？”如客人需要帮其埋单应严格按照流程操作，并唱收唱付，结算完毕后将托盘端起置于体前：“先生/女士，请稍休息一下，走时请带好您的随身物品，欢迎下次光临！”。之后带齐物品退出房间，随手关门
送客	（1）客人结束服务后需要继续休息，如技师下钟后继续上钟，需交代前台人员帮助送客。如技师下钟后没有继续上钟，站在客人消费的房间门口等待客人离开，并送客人至电梯口或门口 （2）客人结束服务后立即离开，与客人一起到收银处结账，然后送客人至电梯口或门口
清理房间	客人离开后，协助清洁工将客房的布草和客人使用过的茶杯、烟灰缸清理干净

流程04：足浴服务（二）

足浴服务的作业流程如下表所示。

足浴服务（二）的作业流程

操作步骤	操作说明
通知	（1）技师接到出工单后，马上携带所需物品，调整好心态，在3分钟内到达所指定的房间 （2）进入营业区，见到同事说：“你好”，见到领导说：“××经理您好、××主管您好”，见到客人说：“先生/女士，您好”，给客人让路时说：“先生/女士，您请”

（续表）

操作步骤	操作说明
通知	（3）走路时如有急事超越客人时，应礼貌的跟客人说："先生/女士，对不起！"
到达目的地	（1）到达所服务的区域后，首先面带笑容说："先生/女士，早上/中午/晚上好，我是××号技师，很高兴为您服务"。如果客人没有什么要求，应尽快到最近的输单点打上钟卡，然后到房间为客人起钟 （2）如果客人换技师，应该很有礼貌的向客人说："请稍等，我去叫我们主管帮您安排一位您满意的技师"。不能带情绪离开 （3）技师进入房间后，不许关灯，不许挂任何遮掩物。不许在房间内收取现金
服务过程	（1）为客人服务时，首先试一下客人的受力程度，着力要慢慢下去，慢慢起来，点要深入，点反射区要准，点到位，要不断地询问客人力度是否合适，根据不同的客人用不同的手法 （2）保证服务时间，不偷工减料，要按标准的手法为客人服务 （3）足底技师所提供的服务，需严格按照培训的标准手法服务，严禁超范围为客人服务 （4）技师在一起为客人服务时不许闲聊，以免引起客人的反感 （5）技师在工作中不许停下手里的活陪客人聊天。不能以小费的问题谈话，要全身心地投入，要认真地按摩，无论客人睡了还是喝多了都不能偷工减料 （6）端正工作态度，尽量满足客人的要求，按完足底后，必须用热毛巾敷，再敲腿，服务完毕后，告诉客人，小费自愿，最高不超过××元，您要是不满意可以不签 （7）修脚的工具必须一客一用一消毒
下钟	（1）技师下钟后把签好的消费单交给客人签字并说："先生/女士，我为您的服务已结束，您还有什么要求？"如果没有收拾好所需用品，不能跟客人说再见 （2）到最近的输单点输单，完成后立即返回技师休息室，不得在营业区内逗留

流程05：足浴服务（三）

足浴服务的作业流程如下表所示。

足浴服务（三）的作业流程

操作步骤	操作说明
准备	排前五位技师应充分做好上钟准备，不得在休息室睡觉，整理好自己的仪容仪表
接到上钟指令	接到上钟指令后先到显示屏上核对所去房间，然后再马上携带所需用品，重新整理仪容、调整精神状态，5分钟内赶到指定房间
敲门	敲门三下，一重两轻、先重后轻，得到客人允许后方可进入房间
问候	与客人讲话时要正视面前站立，声音饱满、热情
集体问好	第一位技师走至最里面客人前站立，等待其他技师，依次列队站齐，并行30度的鞠躬礼
起钟	通过电话按照规定程序起钟
脱鞋袜	主动为客人脱鞋袜，左脚袜子放在左鞋中（右同）。要将客人的鞋子放在电视机下的墙角边，鞋尖朝墙一边，轻拿轻放，摆放整齐
协助客人挽裤脚	一般挽三折即可，动作温柔，严禁粗暴硬拉，应用征询口吻询问，观察客人表情
推荐药水	价位由高到低，根据客人的皮肤、年龄、性别等，着重推销一种
询问水温	客人脚泡在沐足桶中时，不可以加水
询问力度	根据客人的需求，适当调节力度大小。注意客人的表情
与客人沟通	多赞美客人、理解客人，做到心与心共鸣

（续表）

操作步骤	操作说明
下钟	听到电话铃声后，拿起电话按照规定程序下钟
看区	按照标准，站在房间门口两侧
带客埋单	走在客人前方两侧，与客人保持1米距离，拐弯处手势配合，到收银台时停下，与收银台保持1米距离，待客人埋好单后离开

流程06：推拿服务

推拿服务的作业流程如下表所示。

推拿服务的作业流程

操作步骤	操作说明
准备工作	技师听到前台工作人员叫钟后，高声答“到”，整理仪容仪表
列队	（1）以排钟先后顺序排成纵队走到指定的房门前，第一位技师先敲门三下，得到客人允许后方可进入房间 （2）技师接到上钟指令到进入房间，时间需要控制在3分钟内
问候	技师进入房间后，向房间内的客人问候：“先生/女士，您好”。同时面带微笑地走到对应的客人面前鞠躬（30度左右），用甜美、轻柔的声音亲切地说道：“先生/女士，您好，我是××号，很荣幸为您服务”，然后将工具箱统一放在右侧与身体平行位置
提供服务	（1）铺放毛巾、面巾、垫脚枕头、按摩单等 （2）提示客人将皮带、贵重物品及硬物存放在按摩床下的抽屉里，请客人确认 （3）帮客人脱鞋、脱袜子，并将袜子叠好对应地放入客人的鞋内；询问客人是否需要擦鞋，如需要就将鞋子拿到杂工房并夹好鞋夹，如不需要就将鞋子摆放在房间内客人鞋柜的指定位置 （4）指引客人按照服务顺序的体位要求躺好，盖上按摩单

（续表）

操作步骤	操作说明
提供服务	（5）客人以仰卧体位躺在按摩床上，技师根据规定操作程序开始按摩头部、肩部、手臂、肚子、大腿，征询客人对手法力度的适应程度，根据客人要求及时调整 （6）仰卧体位流程操作结束后，请客人转身以俯卧体位躺在按摩床上，按流程开始按摩颈部、肩部、背部、臀部、腿部 （7）根据天气情况和客人需求涂擦爽身粉 （8）巧妙地引导客人加钟或继续消费其他项目 （9）为客人拿取鞋子，询问客人是否需要免费赠送的袜子（根据实际情况合理引导客人），将鞋子放在推拿床右侧，帮助客人穿好袜子 （10）将客人存放在抽屉里的物品拿出，放在客人床前，提醒客人核对，请其注意保管 （11）巧妙地向客人推荐会员卡，套票等，以达到稳定客源、回馈客人的目的 （12）询问客人是否需要公司免费提供的养生茶、养生粥、汤圆、水饺等食品，如客人有需要应立即通知水吧准备。 （13）询问客人是否需要免费洗头，不需要帮客人埋单的技师按要求退房
↓ 结算退房	帮助客人结算："先生/女士，您的服务已结束！请问需要我为您们埋单吗？"如需要帮客人埋单应严格按照流程操作，并唱收唱付，结算完毕后将托盘端起置于体前："先生/女士，请稍休息一下，走时请带好您的随身物品，欢迎下次光临！"。之后带齐物品退出房间，随手关门
↓ 送客	（1）客人结束服务后需要继续休息，如技师下钟后继续上钟，需交代前台人员帮助送客。如技师下钟后没有继续上钟，需站在客人消费的房间门口等待客人离开，并送客人至电梯口或门口 （2）客人在结束服务后立即离开，与客人一起到收银处结账，然后送客人至电梯口或门口
↓ 清理房间	客人离开后，协助清洁工将客房的布草和客人使用过的茶杯、烟灰缸清理干净

流程07：按摩服务

按摩服务的作业流程如下表所示。

按摩服务的作业流程

操作步骤	操作说明
通知	（1）技师接到出工单后，马上携带所需用品，调整好心态，在3分钟内到达所指定的房间 （2）进入营业区，见到同事说："你好"，见到领导说："××经理您好、××主管您好"，见到客人说："先生/女士，您好"。给客人让路时说："先生/女士，您请" （3）走路时如有急事超越客人时，应礼貌的跟客人说："先生/女士，对不起！"
进入房间	（1）进入房间后，首先面带笑容说："××先生/女士，早上/中午/晚上好，我是××号技师，很高兴为您服务"。如果客人没有什么要求，应尽快得到最近的输单点打上钟卡，然后到房间为客人起钟 （2）如果客人换技师，应该很有礼貌地向客人说："请稍等，我去叫我们主管帮您安排一位您满意的技师"。不能带着情绪离开 （3）技师进入房间后，不许关灯，不许挂任何遮掩物，不许在房间内收取现金
为客人按摩	（1）技师在工作时，首先试一下客人的受力程度，正确引导客人正确的体位，着力要慢慢下去，慢慢起来，揉要深入，有节奏；点穴要准，点到位，要不断的询问客人力度是否合适，根据不同的客人用不同的手法 （2）技师在工作中不许做不道德的行为或淫秽的动作及超出服务规定的服务项目 （3）技师在工作时不许以客人的名义点食品、饮料或其他东西 （4）两个技师在同时工作时不许相互之间聊天，不许私自更改按摩手法 （5）技师在工作中不许停下手里的活陪客人聊天。不能以收小费的话题谈话，要全身心地投入，要认真地按摩，无论客人睡了还是喝多了都不能偷工减料 （6）技师在工作时不许相互之间更换客人，不许带有情绪地工作

（续表）

操作步骤	操作说明
加钟	如果客人想加钟，技师则打电话通知钟房，××号技师在××号房间给××号客人加钟
下钟	（1）下钟后为客人穿好衣服，再把签好的消费单交给客人签字并说：“先生/女士，我为您的服务已结束，您还有什么要求么？”如果没有，就带客人出房间交给楼面服务员，跟客人说再见 （2）到最近的输单点输单，完成后立即返回技师休息室，不得在营业区内逗留

流程08：豪华贵宾间服务

豪华贵宾间服务的作业流程如下表所示。

豪华贵宾间服务的作业流程

操作步骤	操作说明
准备工作	（1）客人抵达前1小时检查贵宾房的设施、设备运行情况，检查用品是否齐全 （2）客人抵达前30分钟打开干蒸房，温度调适到60度预热，调试好房间的温度，预留部分灯光 （3）客人抵达前20分钟将茶饮、杯具等物品放到房间内 （4）客人抵达前10分钟将果盘放到房间内，并到前厅迎接客人 （5）客人抵达前5分钟将茶水泡好 （6）接到客人已抵达的通知时将贵宾房的灯光全部开启
健康咨询	根据客人需要为客人做健康咨询
介绍商品和服务项目	向客人介绍服务项目及收费情况
技师服务	客人确定保健疗程项目后，迅速安排技师。技师服务前明确告之服务时间

（续表）

操作步骤	操作说明
结账服务	客人表示要离开时，快速为客人办理结账服务
礼送客人	客人离开房间时，再次提醒客人，带好随身物品，主动征询客人意见，将客人送至门口，“请慢走，欢迎您再次光临。”
复位查房	送完客人后，迅速复位检查、打扫卫生、补充物品、以备待客

第二节　服务细节

细节01：走廊卫生标准及要求

走廊卫生标准及要求如下图所示。

垃圾桶	表面干净，无水迹、烟灰，桶内的垃圾不能过夜
绿色植物	无黄叶、枯枝，叶面无灰尘，底部需有完好无损的花盆、花盘，花盘底部无水迹、泥土
地面、地角线	地面干净，无水迹、灰尘、头发、纸皮，无明显的污迹
灯泡	无烧毁，灯光应柔和，不刺眼，无浪费现象
抽风机	表面干净，无灰尘，能正常运作

喇叭	表面干净，无灰尘，能正常运作
指示牌	表面干净，无灰尘，放在明显的通道处，能正常运作
壁画	表面干净，无水迹、无灰尘、无破损

走廊卫生标准及要求

细节02：房间卫生标准及要求

房间卫生标准及要求如下图所示。

沙发	表面整洁，沙发缝无头发、牙签等杂物，沙发的摆放于墙壁平行，电动调试器正常
扶手套	表面整洁，无异味、无破损，无变色
推拿床	表面干净，无灰尘、头发等杂物品，摆放整齐
推拿床毛巾	表面干净，无口红、头发等杂物，且包脚毛巾与垫头毛巾和枕头分开摆放，垫头毛巾放在枕头的上面
浴巾	表面整洁，无异味、无破损、无变色；折成菱形，与靠枕的一角相靠拢
靠枕	表面整洁，无异味、无破损，折成菱形，与浴巾的一角相靠拢

垫脚巾	表面整洁，无异味、无破损、无变色；整齐地铺放在坐凳上
按摩凳	表面整洁，无破损，需同一颜色、同一型号
茶几	表面无水迹、无灰尘，内部物品分类摆放整齐，并用标签标明
烟灰缸	外表无水迹、无灰尘、无破损；内无烟灰、烟头等残物，且需放一层硬币厚的水
棉签	表面整洁，无破损
牙签	表面整洁，无破损
挂钟	表面干净，无灰尘，且时间准确
天花板	表面干净，无灰尘、无蜘蛛网、无破损、脱落等现象
挂图	表面干净、平整，无破损
水牌	表面整洁，无破损，印有主项项目那面应朝外摆放
纸巾盒	表面整洁，无破损，商标应朝外摆放，最外一张纸巾应折为三角形摆在纸巾盒上
宣传折页	表面整洁，无破损

拖鞋	表面整洁，用一次性胶袋封口，整齐地摆放在茶几的柜里
衣架	表面整洁，无破损
空调	外表干净，无灰尘，内部风叶无尘，能正常运传
电视机	外表干净，无灰尘
电视线	表面干净，无灰尘，用透明胶将电线全部封好，并藏在电视机后面
窗帘线	不能高于1米的位置，且所有线需在同一条线上
空调线	表面干净，无灰尘，用透明胶将电线全部封好，并藏在空调后面

房间卫生标准及要求

第三节　疑难解答

问题01：技师服务如何按顺序排列

一般情况下技师分三个班次，早班10：30～22：30、中班11：30～23：30、晚班12：30～7：00，每三天换班一次。

（1）每名技师都有自己的工号牌，工作中统一称呼工号。

（2）当晚班的管理人员在结束营业前，负责统计好第二天技师的休息情况，并在“叫钟牌”上作出明显的标记。

（3）第一个到店的早班技师自行将牌子打到最前面，之后的顺序以此类推；中班和晚班的顺序可混淆但要与早班区分开；男女技师也要分开打牌。

（4）早班管理人员负责组织早班技师于10：30准时点名并合理分配卫生打扫任务。

（5）前一天休息的技师，第二天打牌的规则与其他技师相同。

问题02：营业接待中排钟有何要求

技师每天轮流到一楼站岗，协助迎宾（站岗时间由各店面规定）。打头牌的技师要到前台待钟，排在前五位的技师要做好接待准备。

顾客有点钟就按“叫钟牌”上的顺序安排技师上钟，一般情况下安排男技师为女顾客服务、女技师为男顾客服务，技师下钟后管理人员将牌子翻过来，等技师上钟后向前台报钟，再将牌子“甩”到最后。同一批顾客消费不同项目时，哪个服务区域先要求安排，就按“叫钟牌”上的顺序排钟。

（1）技师在10：30之前上钟的可视为加班，下钟后将牌子打到本组最后；超过凌晨1：30上钟的技师，可申请第二天晚上来上班。

（2）上早班的技师不允许休息，牌子不在前十六位的技师可在16：30~18：30请假外出，一个月内外出时间累计不可超过4小时，否则不计全勤。

各楼层管理人员接到技师报钟后，开具“结账单”，填写清楚后签名确认。将各房间技师的上钟情况登记在“排钟登记表”上。技师到下班时间但是又不想加班时，需提前一个小时向管理人员提出申请，获批后可将牌子“甩”到后面。

第三章

KTV规范化

作业流程·服务细节·疑难解答

本章导读

作为KTV的经营管理者，要想更好地实现对KTV的管理，应实行标准化管理。那么，怎样才能实现标准化呢？标准化就是采用规范的作业流程实施操作，对于其中的服务细节予以分析，最后采用疑难解答的形式解决作业中的常见问题，从而达到精细化管理的目的。

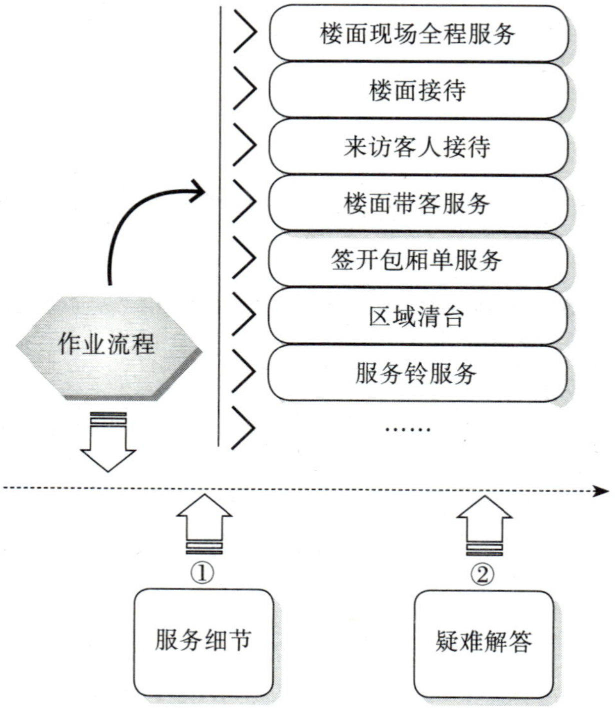

KTV规范化管理示意图

解说

①服务细节是对作业流程中需要注意的细节的具体分析指导。

②疑难解答是对作业流程中经常遇到的问题的一个解释分析。

第一节 作业流程

流程01：楼面现场全程服务

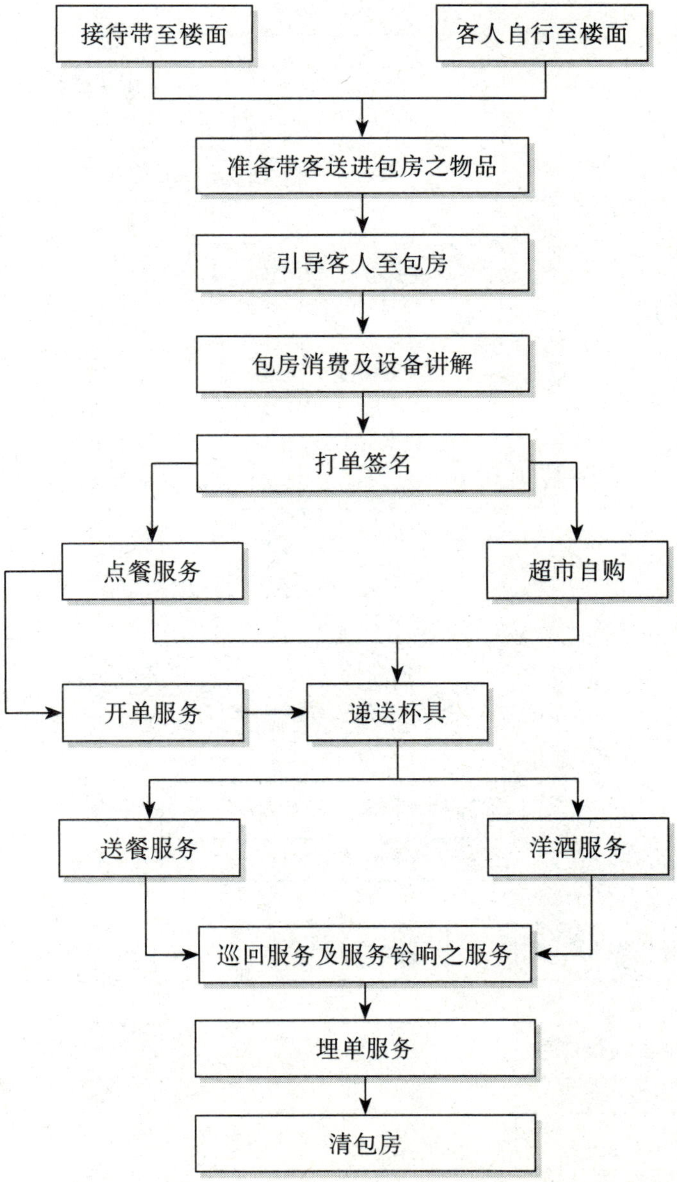

流程02：楼面接待

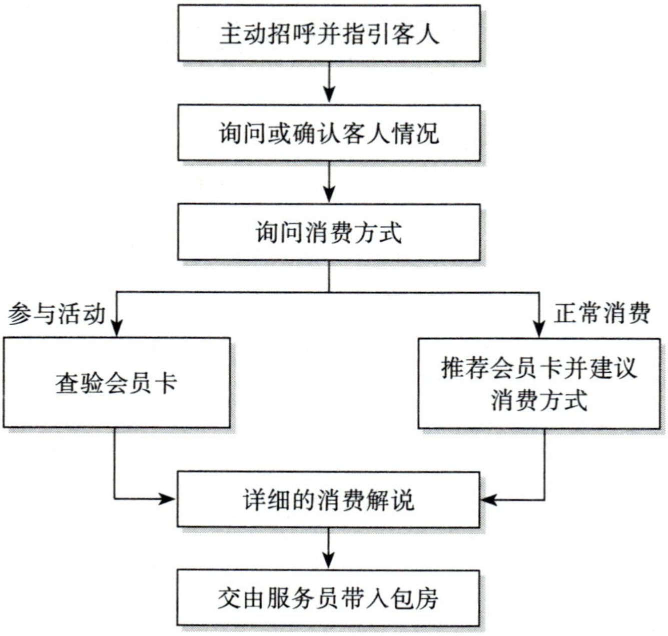

流程03：来访客人接待

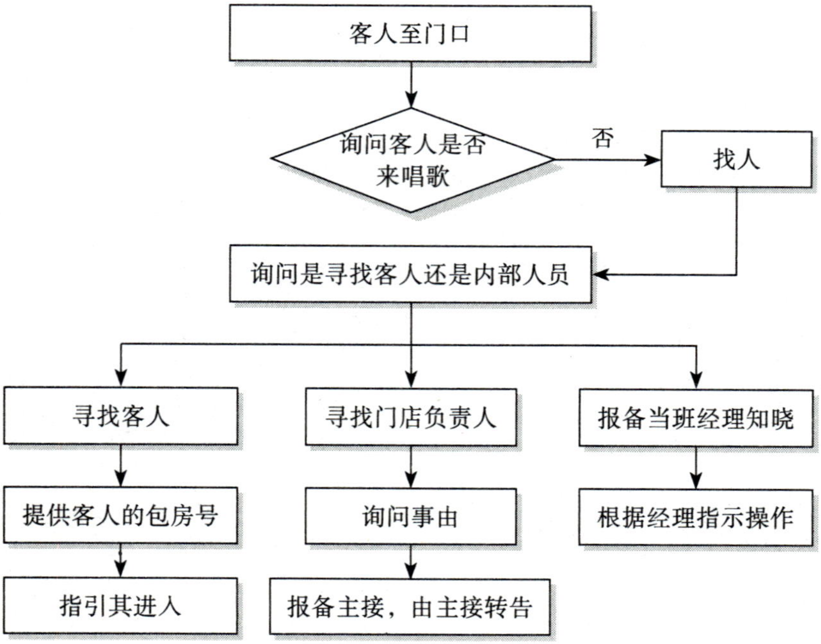

流程04：楼面带客服务

从接待处确认客人的消费方式和基本信息

↓

向客人指引超市和洗手间的方位

↓

提醒客人注意墙面拐角和地面台阶或坡道，避免撞上或绊倒

↓

先行打开包房内灯光，站立于包房门口面向客人

↓

询问客人是否开机

↓

介绍服务铃并祝客人消费愉快

↓

面向客人退出包房，通知接待开机

流程05：签开包厢单服务

敲门三下，停顿两至三秒推门进入包房

↓

行鞠躬礼，说明来意

↓

至主人或客处蹲姿，出示开房单

↓

解说开房单内容（包房号和类型、开机时间、时段或活动价格），请客人确认包房资产的完好

↓

确认无误后请客人在开房单上签字确认

↓

将正联放置在茶几上，便于客人参考

↓

向客人指引服务铃，祝消费愉快

↓

反手开门退出包房，并将开房单的副联交至前台

流程06：区域清台

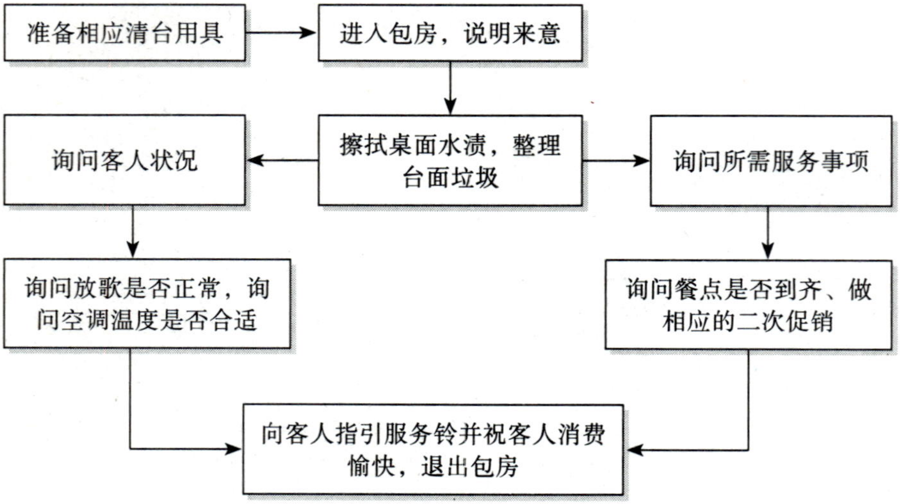

流程07：服务铃服务

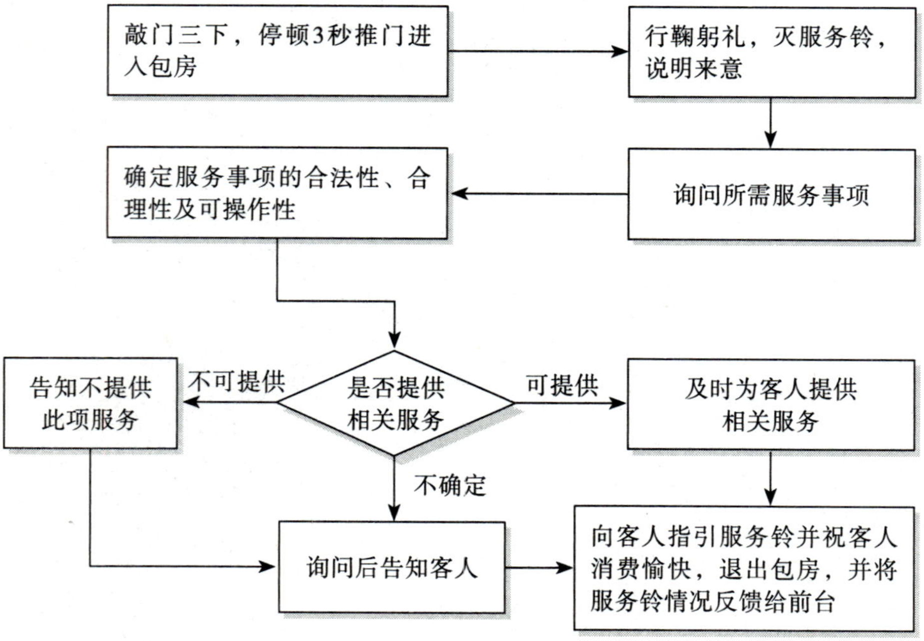

流程08：洋酒服务

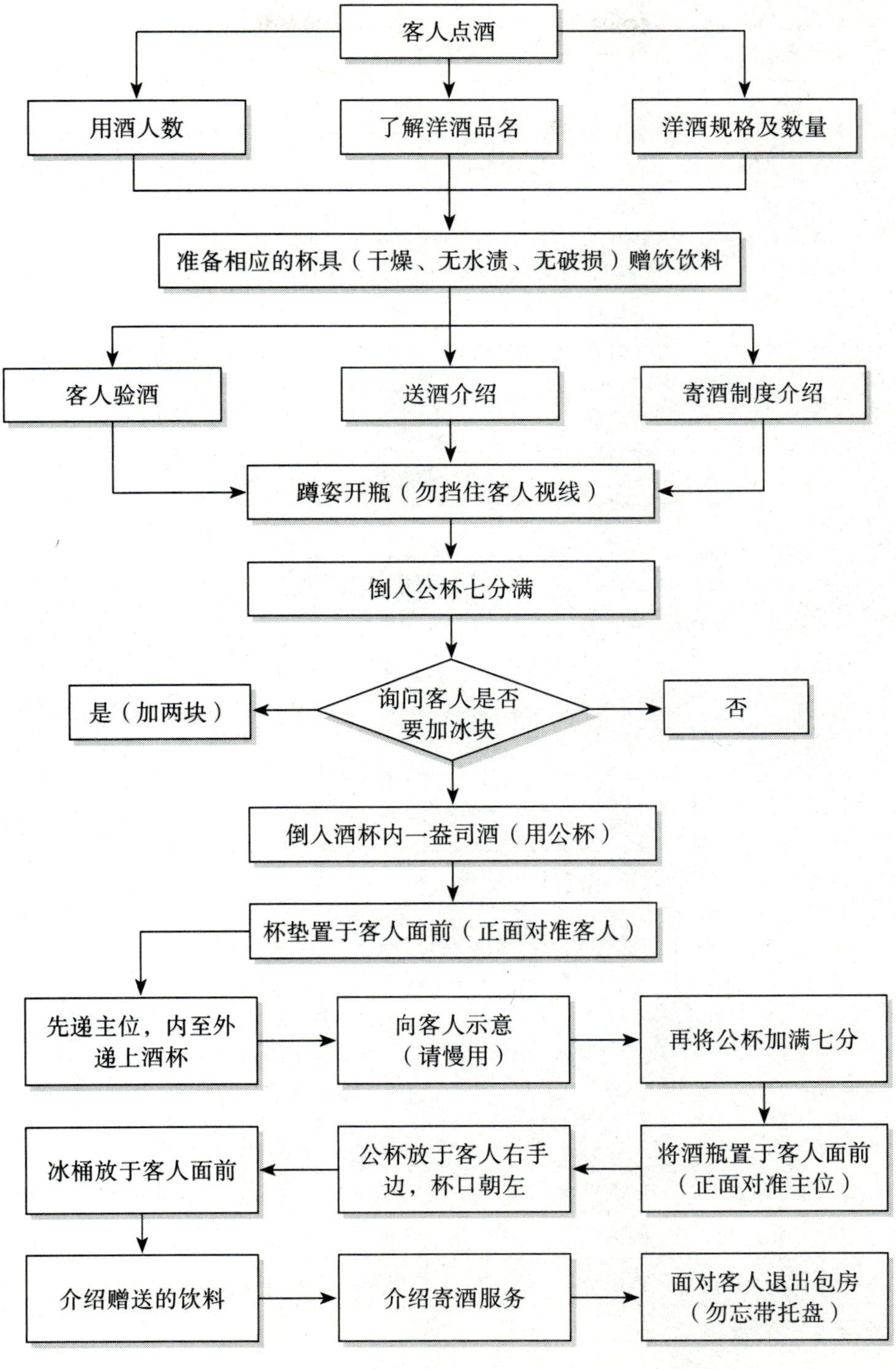
客人点酒
用酒人数
了解洋酒品名
洋酒规格及数量
准备相应的杯具（干燥、无水渍、无破损）赠饮饮料
客人验酒
送酒介绍
寄酒制度介绍
蹲姿开瓶（勿挡住客人视线）
倒入公杯七分满
询问客人是否要加冰块
是（加两块）
否
倒入酒杯内一盎司酒（用公杯）
杯垫置于客人面前（正面对准客人）
先递主位，内至外递上酒杯
向客人示意（请慢用）
再将公杯加满七分
将酒瓶置于客人面前（正面对准主位）
公杯放于客人右手边，杯口朝左
冰桶放于客人面前
介绍赠送的饮料
介绍寄酒服务
面对客人退出包房（勿忘带托盘）

流程09：点餐服务

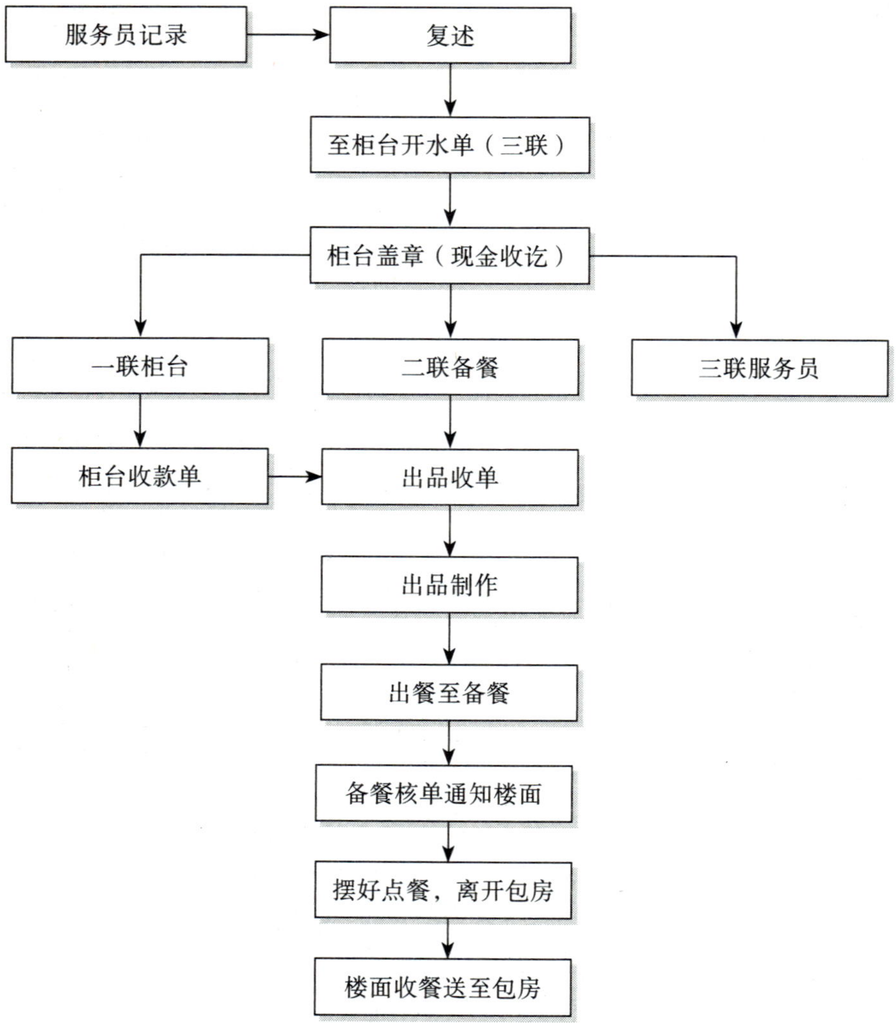

备注说明：楼面服务人员点餐时，需要掌握相关的技巧及说辞，如二选一"××啤酒，您要一打还是半打?"；适时促销"我们的××客人反应不错，建议您可点用！"；廷续服务"先生，您的××已喝完，请问还要再来一份吗?"；设客理由"小姐，蛋蜜汁既可口又能养颜美容"；确认是与否"先生（小姐）是要点酒吗?那您需要点一些小菜吗?"；关心对方"需不需要点份热茶解酒呢?"等。

流程10：转包房服务

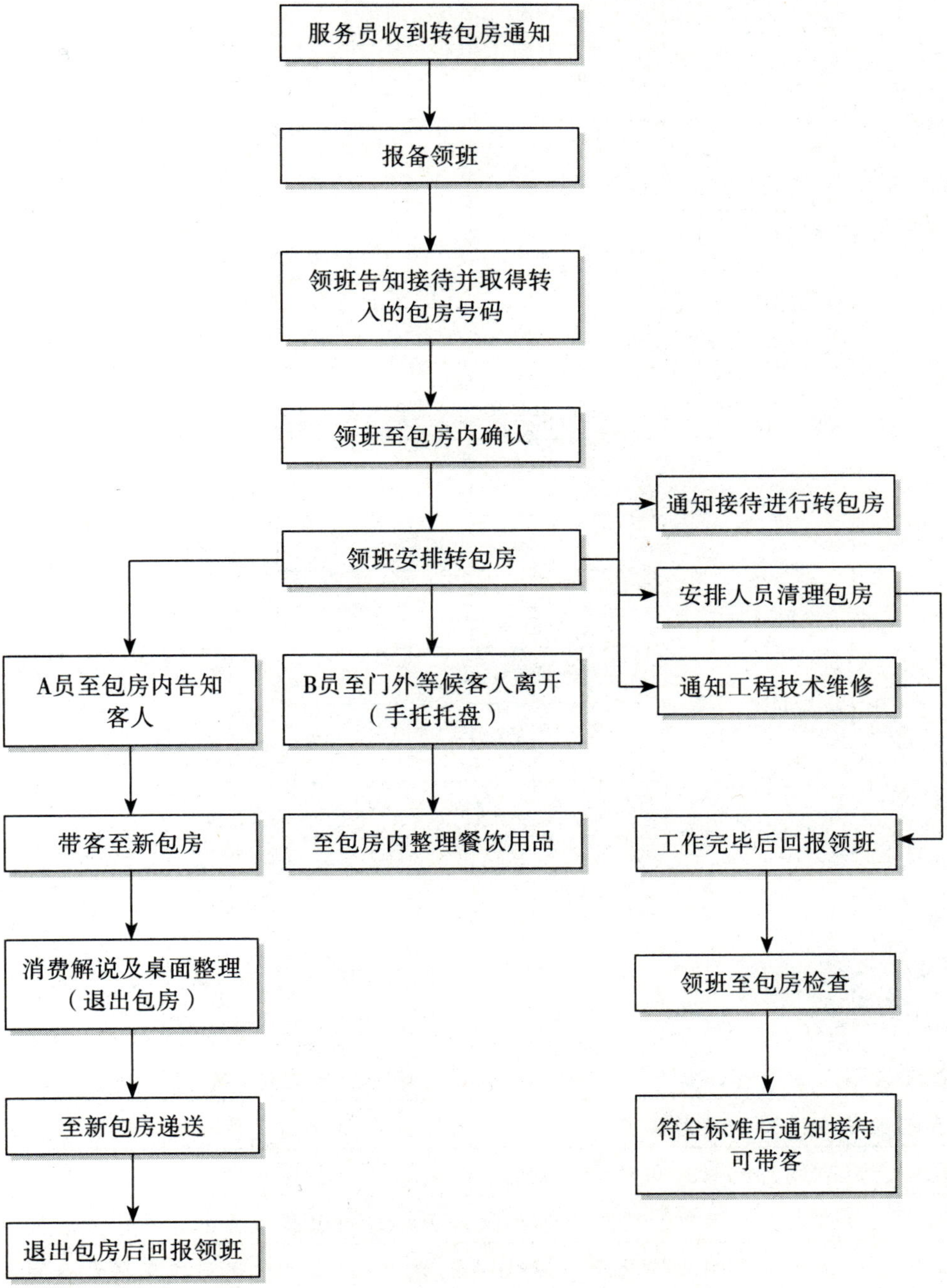
服务员收到转包房通知
报备领班
领班告知接待并取得转入的包房号码
领班至包房内确认
领班安排转包房
通知接待进行转包房
安排人员清理包房
通知工程技术维修
A员至包房内告知客人
B员至门外等候客人离开（手托托盘）
带客至新包房
至包房内整理餐饮用品
工作完毕后回报领班
消费解说及桌面整理（退出包房）
领班至包房检查
至新包房递送
符合标准后通知接待可带客
退出包房后回报领班

流程11：清包服务

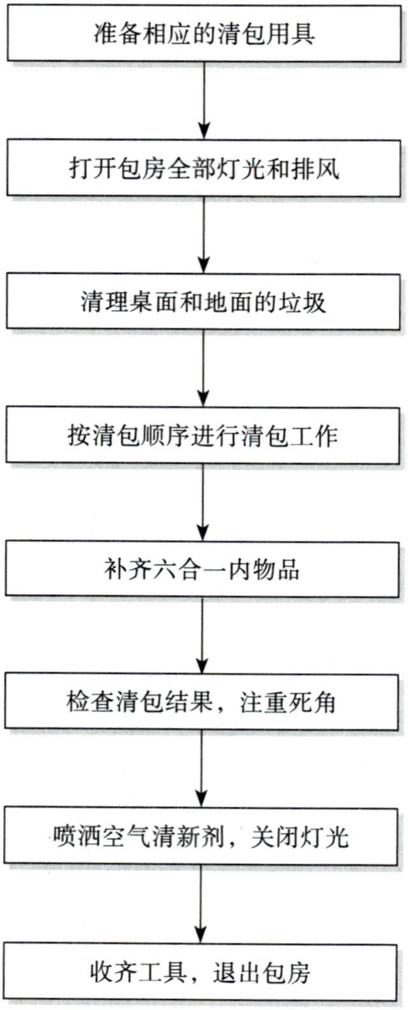

备注说明： 清包时，需要的用具包括扫帚、簸箕、干湿抹布、空气清新剂等；清包顺序为墙面、骰盅、骰粒、沙发、话筒、桌面物品、垃圾桶、点歌架、挂地面、地脚线、包厢内空间等；在清包时要迅速检查包厢内的资产，如有异常立即报备；在擦桌面时应将所有用品收拾干净，用湿抹布将桌面上的油渍或污点用力拭去，再用刮刀将桌面的污水刮净后，特别需注意用湿抹布将桌沿的水渍擦拭干净，再用干抹布将桌面打亮。

流程12：埋单服务

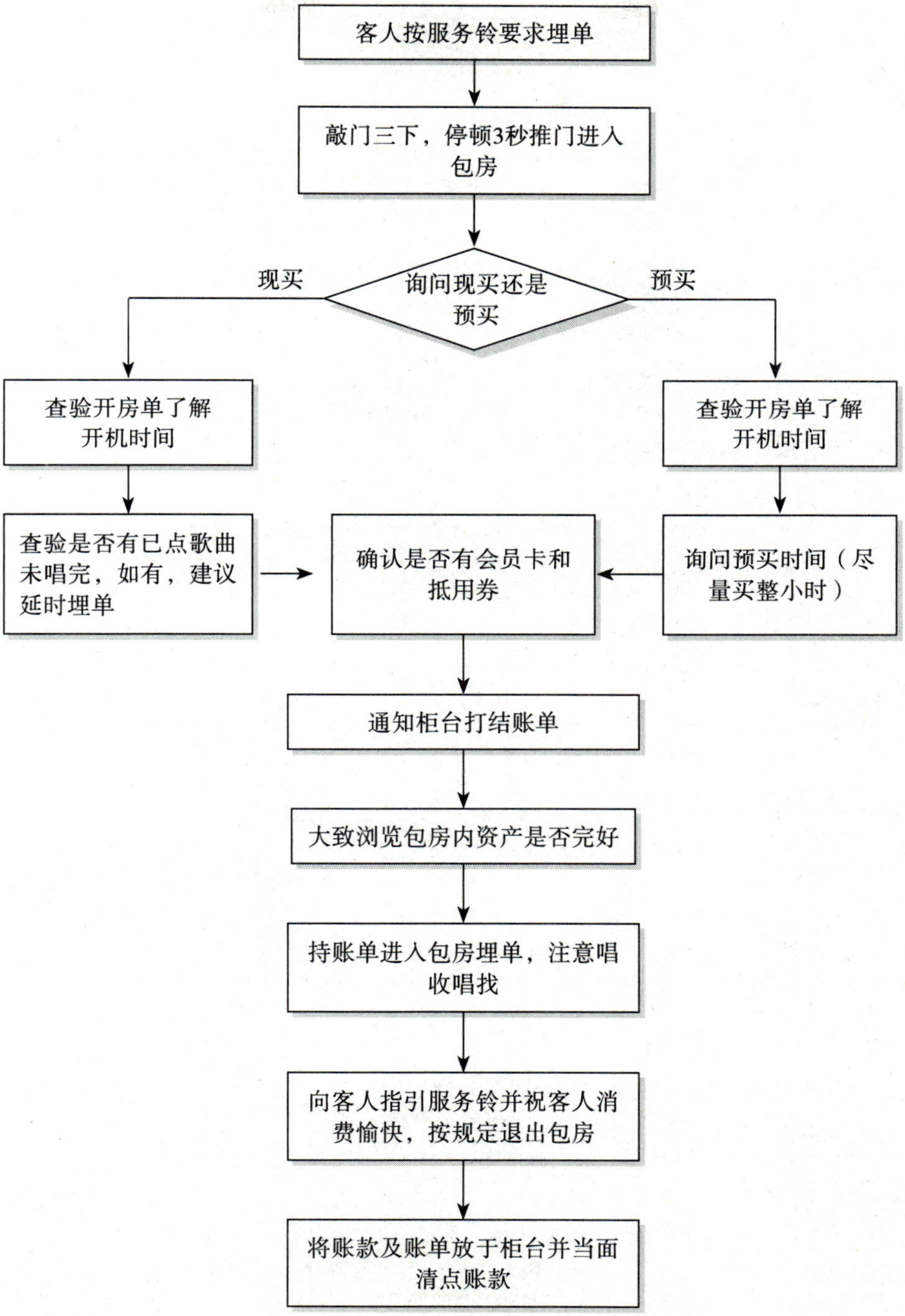
客人按服务铃要求埋单
敲门三下，停顿3秒推门进入包房
询问现买还是预买
现买
预买
查验开房单了解开机时间
查验开房单了解开机时间
查验是否有已点歌曲未唱完，如有，建议延时埋单
确认是否有会员卡和抵用券
询问预买时间（尽量买整小时）
通知柜台打结账单
大致浏览包房内资产是否完好
持账单进入包房埋单，注意唱收唱找
向客人指引服务铃并祝客人消费愉快，按规定退出包房
将账款及账单放于柜台并当面清点账款

流程13：取消服务

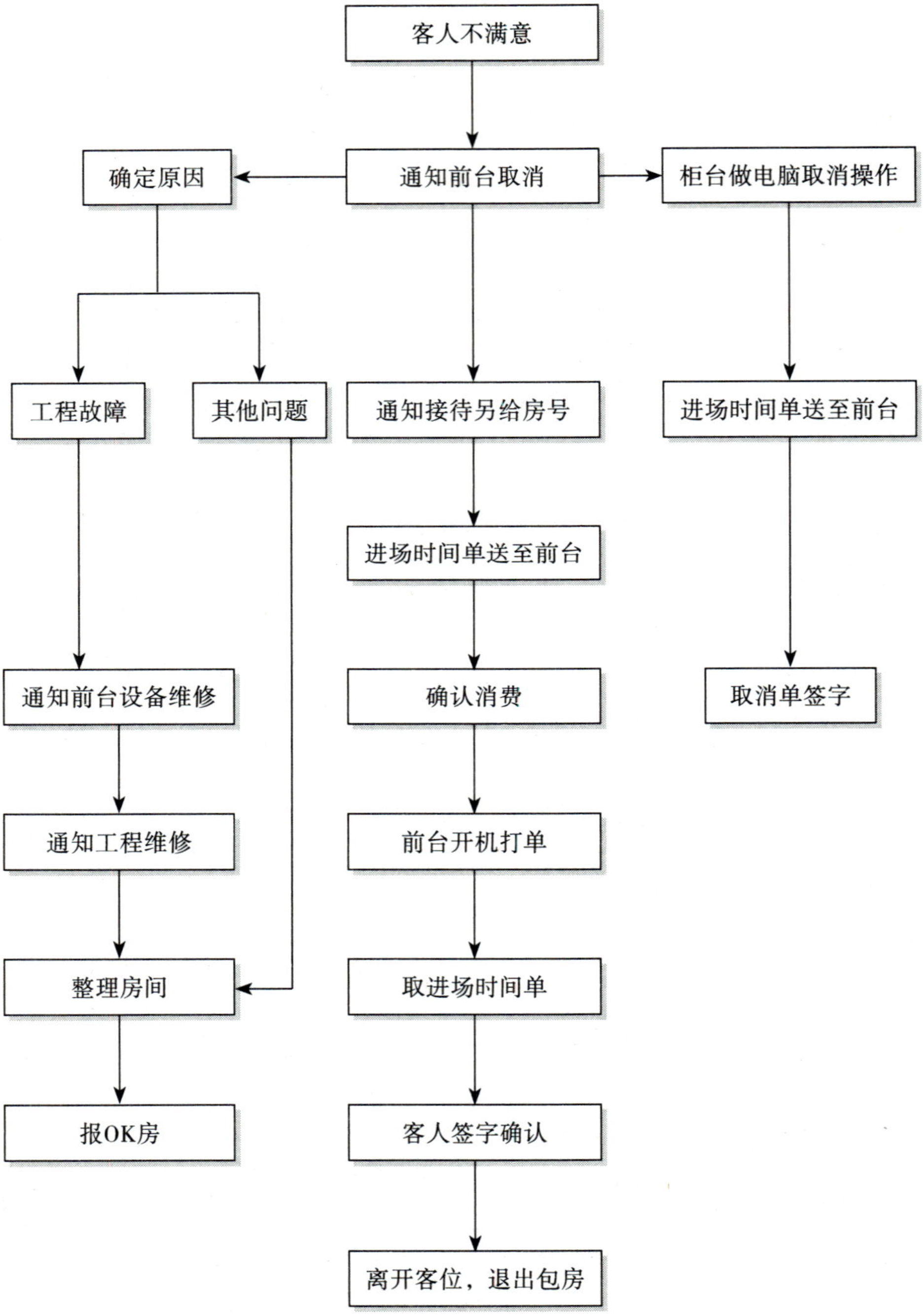
客人不满意
通知前台取消
确定原因
柜台做电脑取消操作
工程故障
其他问题
通知接待另给房号
进场时间单送至前台
进场时间单送至前台
确认消费
取消单签字
通知前台设备维修
通知工程维修
前台开机打单
整理房间
取进场时间单
报OK房
客人签字确认
离开客位，退出包房

第二节　服务细节

细节01：接听预订

接听预订的操作细则如下图所示。

接电话

（1）辨别电话的来源　　（2）看来电显示
（3）辨别不同的铃声　　（4）铃响三声内拿起电话
（5）使用标准问候语："下午好，×××店！"
（6）态度欢快而热情　　（7）语速适中，语音清晰
（8）不要用脖子夹着听筒
（9）使用姓氏称呼对方，如："张先生/李小姐……"

听电话

（1）注意力集中在来电者身上
（2）听清客人要求后，应详细询问客人姓氏、电话、预订时间等并做记录
（3）避免被打扰

讲电话

（1）重复客人预订要求
（2）回答客人问题

挂电话

（1）感谢对方的来电并道别："谢谢您的来电，我们期待您的光临，再见！"
（2）在对方挂电话之后再挂电话
（3）结束通话
（4）跟进预订记录

接听预订的操作细则

细节02：营业摆台标准

营业摆台标准如下图所示。

标准1　按照标准摆放营运物品

标准2	烟缸的摆放：呈对角摆放，距茶几边缘3厘米处
标准3	在只有一个茶几的情况下，纸巾盒摆放在茶几的中上距边缘3厘米处；在有两个茶几的情况下，纸巾盒摆放在距门远的一侧茶几的中上距边缘3厘米处；纸巾盒的装纸量为2/3并折角
标准4	麦克风：麦克风根部（带线）距茶几边缘3厘米处，将麦线从里向外盘成圆形放于地面
标准5	麦克风套：摆放于离门最近的茶几角，距茶几边缘3厘米处
标准6	手铃摆放于茶几左侧；小酒水单摆放于茶几右侧
标准7	在只有一个茶几的情况下，大酒水单、台卡摆放于茶几正中间；在有两个茶几的情况下，大酒水单、台卡摆放于距门近的一侧的茶几正中间
标准8	杯口向下整齐排列于消毒柜中
标准9	骨碟均匀摆放在消毒柜中

营业摆台标准

细节03：为客人介绍点歌系统

介绍点歌系统的操作细则如下图所示。

介绍系统的特点	服务员首先向客人介绍整个系统，如影视欣赏包含了小品、电影、其他欣赏等，以及其他丰富的娱乐项目
重点介绍项目	（1）介绍点歌的方法，告知客人可以按不同方式选择想要点选的歌曲，如歌星名、歌类、歌名字数、拼音、语种等 （2）实现原唱、不同程度的伴唱功能，还可以自主地进行音量控制 （3）客人可以随时查看消费金额

注意及时的二次介绍	有时介绍点歌时间短，客人未能充分理解，应利用为其服务的过程中去询问和作二次介绍

介绍点歌系统操作细则

细节04：介绍服务器

服务器分为电脑呼叫和前台呼叫，均为快速回应客人，所以应当详细介绍，方便于服务。介绍服务器的操作细则如下图所示。

细则1	首先将介绍电脑呼叫，一般介绍点歌时，主画面第××项为呼叫服务，就告诉客人点击相应的服务选项
细则2	介绍前台服务器时，站在客人右侧，手臂伸直，五指合拢，指向墙上的服务器，向客人示意，告之客人一定要按下来，红点向下
细则3	当有客人出门找服务生或包房人数比较多的情况时，应给客人多介绍服务器的使用方法，同时加大关注度，一定要服务于客人开口之前

服务器的操作细则

细节05：出入包房

出入包房的操作细则如下表所示。

敲门	敲门三下，等待3秒钟后，方可推门
开门	（1）在使用托盘的情况下，右手握门把手中间靠上部，平稳地将门推开 （2）在没有托盘的情况下，左手全握门把手的中间部分 （3）在包房有客人时，服务员推门后应说："对不起，打扰一下。" （4）在请客人入内时，将门拉开，站立位置和门呈同一直线 （5）用靠近门的手握在内侧门把手中间靠上部分，另一只手手臂伸直，五指并拢，同时应说："欢迎光临，晚上好，里面请！"用手指向座位方向

出门	出包房门时，右手握着门把手中间靠上的部分，向外迈出一步即转身，同时左手换右手（同一位置），注视包房客人，面带微笑，退步轻轻将门关上后方可离开

出入包房的操作细则

细节06：食品促销

食品促销的操作细则如下图所示。

观察	服务员在给客人清理台面或换烟灰缸时，注意观察台面上的食品数量，可根据情况进行询问
询问客人	询问时应使用标准语言："××先生/女士，对不起打扰一下，请问还需要小食品吗？""我们超市还有一些比较可口的食品，您可以去看一下。"
适时推荐	熟知食品的口味、价格后，根据客人喜好进行介绍推荐
进行食品服务	及时为客人将食品送至房间，请客人确认食品的品种及价格，然后及时为客人进行食品开封装盘服务

食品促销操作细则

细节07：房间点餐

房间点餐的操作细则如下图所示。

准备用具	提前准备好便签本，圆珠笔
回应客人呼叫	如客人需要点餐，及时回应客人需求

呈菜单点餐	服务员主动把菜单双手呈递给客人参阅："先生/女士，这是我们这里的菜单，请随意点用，谢谢。"
向客人介绍	(1) 主动向客人介绍食品品种、口味，做好客人的参谋 (2) 身体半蹲，微笑，不要挡住客人视线
记录客人点单	(1) 详细记录客人所选项目 (2) 复述确认客人的点单
落单	服务员到触摸屏进行落单，注明：房间号、品种、数量、特殊要求、服务员姓名等
加菜续单	询问客人是否需要添菜或加菜

房间点餐操作细则

细节08：食品服务

食品服务的操作细则如下图所示。

核对菜品	(1) 据客人所点项目，核对出品 (2) 注意客人的特殊要求是否已满足，提前进行检查 (3) 检查餐具是否齐全
服务菜品	(1) 摆放食品前，必须先取掉食品盖或保鲜膜 (2) 从客人右手边呈递食品并提醒客人留意 (3) 先说明食品品种："对不起，打扰一下，这是您点的××，请慢用。" (4) 将餐具放在客人的右手位置，方便客人使用 (5) 客人用餐时注意观察剩余量
收餐具	及时将空的餐具撤走（需征得客人同意）

食品服务的操作细则

细节09：酒水促销

酒水促销的操作细则如下图所示。

观察	在给客人清理台面或换烟缸时，注意观察台面上的酒水剩余数量
询问客人	根据酒水剩余数量情况进行询问
适时推荐	根据客人喜好进行介绍和推荐
进行酒水服务	（1）及时为客人将酒水送至房间 （2）请客人确认酒水的品种及价格 （3）为客人进行酒水添加服务

酒水促销操作细则

细节10：啤酒服务

啤酒服务的操作细则如下图所示。

为客人介绍啤酒	点单时主动介绍各类啤酒的特点
为客人点啤酒	（1）主动询问客人对啤酒温度的要求 （2）询问清楚客人需要常温还是冰一点的 （3）根据客人的点单要求及时准备相应的杯具及用具 （4）核对客人的点单，重复客人要求 （5）完成酒水点单后，为客人购取酒水
为客人取酒水	检查酒水是否符合出品标准
确认酒水品质	（1）瓶体应干净，无污渍 （2）酒标完整无破损 （3）酒水的保质期限 （4）请客人确认酒的品牌和价格

为客人服务酒水

（1）摆放啤酒
（2）啤酒商标向客人，按茶几数量横向呈两排平均摆放
（3）依据客人喜好进行服务
（4）开酒前应询问客人要求，需要打开几瓶
（5）为客人倒好啤酒

续酒服务

（1）当啤酒剩1/3时，主动询问客人是否需要添加
（2）如客人不需再添加时，及时撤下空的杯具和酒瓶

啤酒服务操作细则

细节11：饮料服务

饮料服务的操作细则如下表所示。

饮料服务操作细则

操作细则	具体说明
向客人介绍	点单时主动介绍各类饮料
检查确认品牌和价格	（1）根据客人的点单及时准备相应的杯具 （2）完成饮料点单后，为客人购取饮料 （3）瓶体应干净，无污渍
检查确认品牌和价格	（4）商标完整无破损 （5）饮料的保质期限
为客人服务饮品	（1）依据客人喜好进行服务 （2）依据客人特殊要求进行服务 （3）根据客人要求添加冰块或加热 （4）服务饮品前询问客人要求
添加饮品服务	（1）饮品剩余1/3时，应主动询问客人是否需要添加 （2）如不再添加时，及时撤下空的杯具和空瓶

细节12：帮客人点歌

帮客人点歌的操作细则如下图所示。

回应客人	当客人提出点歌需要或××歌找不到时，应快速回答客人“我来帮您点!”
确认客人点歌的歌名或演唱者	（1）与客人确认：“您好，请问您需要点什么歌?”或：“请问您所要点的歌曲是哪位演唱的？” （2）回复客人：“好的，请稍等，我现在就帮您点”，同时请客人入座
进行点歌	（1）查找客人所点的歌 （2）为客人点歌时要在点歌台的侧面，采用半蹲式为客人进行示范服务，方便客人下次点歌（不要阻挡客人的视线）
为客人二次介绍	将点歌方式仔细为客人介绍，并告知客人：“如果有不清楚的地方，请按下服务器，我会在第一时间到您包房，随时乐意为您服务。”

帮客人点歌操作细则

细节13：更换麦线、麦克风

更换麦线、麦克风的操作细则如下表所示。

更换麦线、麦克风的操作细则

操作细则	具体说明
麦克风有故障	当客人提出麦克风有故障时应立即回应客人
采取措施	使用标准礼貌用语并诚恳给客人道歉（必要时可以给客人适当的补偿）
调换麦克风	（1）先从临近的空包房调换同型号的麦克风给客人，以免耽误客人唱歌 （2）先关掉麦克风 （3）再打开麦线卡扣 （4）拔下麦线 （5）取下有故障的麦克风 （6）安装新麦克风 （7）确保客人能够正常使用新麦克风

（续表）

操作细则	具体说明
维修麦克风	（1）将换下的麦克风进行检查 （2）及时联系音响部进行维修 （3）请音响部工作人员对麦克风的故障作检查

细节14：服务生日派对

服务生日派对的操作细则如下表所示。

服务生日派对的操作细则

操作细则	具体说明
预订	（1）当有会员过生日时，应主动打电话祝福客人，并询问是否预订包房，并告知生日活动的内容 （2）当有客人打电话预订时，告知客人本KTV的活动 （3）详细记录客人的预订内容，询问有无特殊要求，并告知有制作蛋糕的服务
传达	前台服务员把所有预订的内容传达到相关部门，如需要蛋糕，应提前通知厨房
部署	（1）准备相关的欢迎背景，如："××全体员工祝您生日快乐"等，背景应新颖、富有变化。 （2）布置包房，准备相应的服务用具，包房内摆放气球，台面摆放干花，摆放娱乐器具，如纸喇叭、哨子、生日礼品、纸吹龙等
迎客	（1）迎接客人，并通知相关区域做好迎客准备 （2）如现场有人提蛋糕进入，应向客人介绍生日活动内容，期间通知相关区域做准备 （3）包房服务员点播公用背景画面及音乐，区域领班准备相应的礼品 （4）服务员帮助客人提蛋糕，并询问客人送蛋糕的时间、人数等要求
服务	（1）区域员工主动迎接客人 （2）包房服务员及区域领班主动询问客人，哪位过生日，并填写卡片，祝客人在此度过一个愉快的夜晚 （3）按客人指定的时间提前15分钟与客人确定，并询问客人选择照相还是生日摄影

（续表）

操作细则	具体说明
服务	（4）传菜按相应的时间及要求准备蛋糕，通知DJ准备摄影或领班准备数码相机照相 （5）区域领班准备生日礼篮，具体内容为：生日其棒、彩色花带、爆米花，如纸喇叭、纸吹龙等未摆在包房，应一同送入 （6）领班把礼篮送入包房，向客人祝福 （7）服务员进包房点播生日歌。（生日歌分为：公用和特别指定） （8）领班带领区域接待、传菜、包房服务员一同进入，拍手唱生日歌，将蛋糕送入包房 （9）在客人吹蜡烛之前，为客人拍照或为客人摄像，记录客人的欢乐时刻 （10）服务生为客人分蛋糕，并再次送上祝福语 （11）告知客人照片或光盘的制作时间，在相应的时间送上照片或光盘，并祝福客人，如客人不能等，可告知客人改日来取，并于前台交接
送客	（1）服务员礼貌欢送客人 （2）前台服务员礼貌欢送客人
建立档案	（1）前台将生日卡片录入档案 （2）前台将数码相机照片以电子版进行存档，建立客户档案

细节15：清包的分类

清包可分为初清和总清两类，具体如下图所示。

初清：初清指在待客前对客离包房后的初步清洁，要求在最短的时间内将包房清理干净，要求包房内无水渍、酒渍，地面无残留垃圾，话筒线缠绕整齐，台面物品摆放规范，达到待客的基本要求

总清：总清指在空档时（凌晨或上午）对包房的彻底清洁，要求清除在各个角落的垃圾或异物，使包房和整个营业区域一尘不染

清包的分类

第三节　疑难解答

问题01：楼面服务员在带客时需要注意哪些事项

楼面服务员在带客时，需要注意下列事项：

（1）带客时，一定要确认接待的客人和所消费的方式，避免在忙档时带错客人。

（2）建议客人先至超市购买饮料和食品，避免在开机后才去购买时所产生的消费时间的浪费。

（3）第一时间向客人指引超市和化装间，让客人了解其大致的方位。

（4）在带客过程中，服务人员应始终在客人的右前方1～1.5米处行进，并随时回头招呼客人。

（5）遇经过墙壁拐角和有台阶（坡道）的时候，需及时提醒客人注意，以免客人撞上或绊倒。

（6）先一步将包房内的灯光全部打开，巡视后退至包房门口，面对并迎接客人。

（7）指引客人全部进入包房后跟随进入，反手关门，切记转身背对客人关门。

（8）测试话筒时不要对着话筒吹气和拍打，避免损坏MIC头的音膜。

（9）解说时，要告知客人现在所处的包房号码，避免客人暂时离开包房后无法返回。如客人是参加会员活动的，需要向客人确认所参加的活动类型、价格和是否已预付。

（10）对初次前来消费的客人介绍如何操作点歌系统。（需要开机后才可操作，先得到客人同意后开机。介绍歌星和拼音点歌方式即可）

（11）简单介绍点歌面板上的按键功能，着重强调服务铃的位置和作用。

（12）询问是否可以开机，要让客人了解开机后即开始计费或计时。

（13）退至包房门口，再次提醒服务铃的使用并祝客人消费愉快。

（14）背身（面对客人）开门退出包房，通知前台开机。

问题02：进出包房需注意哪些事项

在客人消费的时间段内，对包房拥有绝对的使用权，因此，服务员进出包房就像进出客人的家一样，需要注意的事项包括：

（1）进入包房前应先敲门三下，停顿3秒方可推门进入。敲门时以手指关节轻敲门框，而不要敲玻璃。严禁以其他部位或物品敲门，更不允许直接用脚开门。

（2）进入包房后反手关门，切忌转身背对客人关门。

（3）进入包房后必须先站定位行鞠躬礼，随后告知客人你的来意：“对不起打扰了，我来为您××（做什么事情）！”

（4）进入包房后即采用蹲姿服务，以示对客人的尊重。

（5）服务过程中不要阻挡客人的视线，如需经过电视机，应和客人打招呼：“对不起，打扰了。”

（6）服务时要注意动作柔和，切忌动作夸张，制造异常声音。

（7）服务结束退出包房之前，必须重新向客人介绍服务铃。“先生/女士，如您有什么需要服务的话，请按两边的服务铃的使用，我们将马上为您提供服务。祝您消费愉快！”

（8）面向客人反手开门退出包房。

（9）在包房内，尽量避免背对客人进行服务。

问题03：包房服务员在开签房单时需注意哪些事项

包房服务员在开签房单时，需要注意下列事项：

（1）严格遵守进出包房的注意事项。

（2）向客人说明来意：“不好意思打扰了，为您送开房单。”

（3）确定主人或主客，给后续的服务提供方便：“麻烦哪位签一下开房单。”

（4）向客人解说开房单时，必须再次复述包房号码、包房类型、开机时间、活动类型、时段价格或活动价格。

（5）请客人确认包房的资产及设施设备是否完好，并签字。“先生/女士，请您确认包房内的设施设备是否完好，如无疑问，请在此签名。”

（6）将正联放置在六合一内，便于正常消费的客人埋单时作参考。“先生/女士，开房单为您放在（边放边指引）这里，以作为您埋单时的参考。”

问题04：服务铃服务时需要注意哪些事项

服务铃服务时，服务员应严格遵循进出包房的注意事项。进入包房后，先闪灭服务铃并询问需要什么服务。

（1）判断客人所需服务的合法性、合理性，以此决定可操作性。对于可提供的服务，必须第一时间为客人服务。不确定的，也应询问相关人员后，及时答复客人。如无法提供服务，应歉意地告知客人不提供此项服务。

（2）退出包房后及时将服务铃内容报告给前台人员。

（3）包房服务过程中，应注意动作的轻柔，不要制造过大的响声干扰客人的欢唱。

（4）如客人需要现场制作的物品（如水果拼盘等），需向客人说明大致制作时间，避免客人久侯。

（5）尽可能请客人自行至超市购物，避免接触客人的钱款而引发一些不必要的麻烦。

（6）如客人过生日需要借用刀具切蛋糕，切记一概婉言回绝，如客人态度强硬，速报经理解决。

（7）对于客人的要求不确定时，不要随意地予以答复或拒绝，应及时询问当班的经理，得到肯定答复后再回复客人。

（8）在客人要求服务或帮助时，尽量避免告知客人“请稍等”，这样会因为一个“等”字让客人觉得还要等而不耐烦，应该说“好的，我马上××。”

（9）向客人指引服务铃并祝客人消费愉快，退出包房。

问题05：点餐服务需注意哪些事项

服务员在为客人提供点餐服务时，需要注意下列事项：

（1）进入包房前，敲门三下，停顿3秒钟后，推门进入。

（2）进入包房后，询问客人“抱歉打扰您，请问有什么需要服务的吗？”

（3）拿出笔和纸，仔细聆听客人点餐，并适时给予响应，让客人感觉您有在注意聆听。

（4）确定客人都已点餐后，需复述一遍以减少错误。

（5）离开包房前，需跟客人致意。

（6）面对客人退出包房并轻声关门。

问题06：哪些状况需要转包房

当服务员获知客人要求转包房时，应先行了解，客人要转包房的原因及现有人数。

（1）因为人数变多（少），所以要转大（小）包房的。

（2）服务员因为当时没有适当的包房所以暂时安排的，需不定时地主动为客人留意是否已有适当的包房可转换。

（3）机具、硬设备发生故障或达不到客人的要求，影响了消费感受的。注意时间扣除，并向客人致歉。

（4）客人觉得包房内空气、环境卫生不佳的。

服务员不可以私自承诺客人的转包要求，应在了解客人的需求后，第一时间回报区域领班。区域领班在由服务员处得知客人的转包需求后，应及时与接待处联络，以便接待处掌控、安排包房使用状况。

问题07：清包过程中，需要注意哪些事项

服务员在清包过程中，需要注意下列事项：

（1）应遵循清包原则，避免重复劳动或清包质量不理想。

（2）所使用的湿抹布应拧干，不可进行滴水作业。

（3）擦拭沙发应使用较干的抹布，过湿的抹布会使沙发皮质表面出现干裂。

（4）擦拭电源开关、点歌架、小面板等时，应使用干抹布，避免因导电而引发意外。

（5）由于沙发之间有缝隙，所以每隔三天需要对沙发进行一次翻扫，避免食品的残留发酵导致包房空气污浊。

（6）规范使用各种清包工具，使清包质量最大限度地提升。

（7）清包时，不要直接踩踏在沙发或点歌架上，避免资产的人为损坏。

（8）强化对地角线和包房死角的重点清洁，使包房卫生更加的细致化。

（9）为客人创造一个良好的欢唱环境，仔细认真地做好清包工作。

第四章

酒吧规范化

作业流程·服务细节·疑难解答

本章导读

作为酒吧的经营管理者，要想更好地实现对酒吧的管理，应实行标准化管理。那么，怎样才能实现标准化呢？标准化就是采用规范的作业流程实施操作，对于其中的服务细节予以分析，最后采用疑难解答的形式解决作业中的常见问题，从而达到精细化管理的目的。

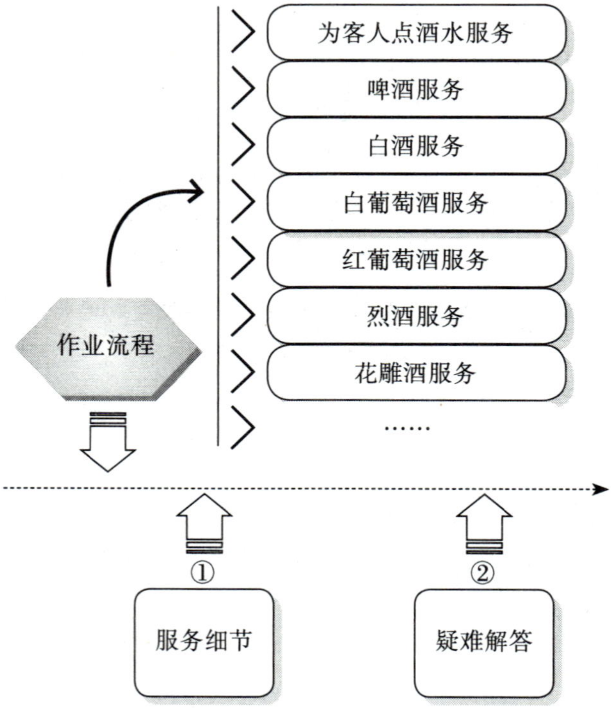

酒吧规范化管理示意图

解说

①服务细节是对作业流程中需要注意的细节的具体分析指导。

②疑难解答是对作业流程中经常遇到的问题的一个解释分析。

第一节 作业流程

流程01：为客人点酒水服务

为客人点酒水服务的作业流程如下表所示。

为客人点酒水服务的作业流程

操作步骤	操作说明
准备点菜单和笔	确保点菜单整洁，使用统一的有酒吧标志的笔，并能正常使用
问好	“先生/小姐/女士”。如果知道客人姓氏，用客人姓氏称呼：“××先生/小姐/女士。”
推荐饮料	介绍酒吧的饮品，“我们有可乐、橙汁、柠檬汁……”，使用提示性、启发性的问句，如“请问您喝饮料还是啤酒？”
写饮料单	（1）写好日期，服务员名字，客人人数，台号 （2）记下客人所点饮料的名称和数量和份量，书写工整，易于辩认，并注明位号
重复点单	向客人复述一遍点单，以确认点单的正确性
完成点单	（1）离开前向客人致谢：“谢谢您，您的××很快会送到！” （2）将点单输入电脑，把点单转交给值台员工

流程02：啤酒服务

啤酒服务的作业流程如下表所示。

啤酒服务的作业流程

操作步骤	操作说明
推销及建议	（1）服务员要熟练掌握各种啤酒知识，在客人订啤酒时，向其介绍各种啤酒的品牌和特点 （2）在客人点完啤酒后，服务员须立即到吧台取酒，取酒时间不准超过五分钟
↓ 展示啤酒	服务员左手掌心放置叠成12厘米见方的口布，将啤酒瓶底放在口布上，右手扶住酒瓶上端，并呈45度倾斜向客人展示，酒瓶上的商标须朝向客人
↓ 斟酒服务	（1）服务员用托盘拿回啤酒，并依据先宾后主、女士优先的顺序向客人提供服务 （2）服务员须站在客人右侧，左手托托盘，右手拿起客人所订的啤酒，将啤酒轻轻倒入杯中，须使啤酒沿杯壁慢慢流入杯中，以减少酒沫，避免啤酒溢出杯外 （3）倒酒时，酒瓶商标须面对客人，瓶口不准粘贴杯口，以免有碍卫生及发出声响 （4）如瓶中啤酒未倒完，将其摆放在饮料杯右侧，间距2厘米左右
↓ 添加服务	（1）服务员随时为客人添加啤酒 （2）当客人杯中啤酒仅剩1/3时，服务员须主动询问客人是否需要添加；如客人不再加酒，须及时将倒空的酒瓶撤下台面 （3）如客人同意添加，服务程序与标准同上

流程03：白酒服务

白酒服务的作业流程如下表所示。

白酒服务的作业流程

操作步骤	操作说明
准备工作 ↓	（1）客人点完白酒后，服务员须立即到吧台取酒，取酒时间不准超过5分钟

（续表）

操作步骤	操作说明
↓ 准备工作	（2）准备一块叠成12厘米见方的洁净口布 （3）在客人的饮料杯右侧摆放白酒杯，间距1厘米左右，酒杯须洁净、无缺口、无破损
↓ 展示白酒	服务员左手掌心放置叠成12厘米见方的口布，将白酒瓶底放在口布上，右手扶住酒瓶上端，并呈45度倾斜向客人展示，商标须朝向客人
↓ 斟酒服务	（1）征得客人同意后，服务员在客人面前打开白酒 （2）服务时，服务员左手持方型口布，右手持白酒，按照先宾后主、女士优先的原则从客人右侧依次为客人倒酒；倒酒时，酒瓶商标须面向客人，瓶口不准粘贴杯口，以免有碍卫生及发出声响 （3）倒完一杯酒时，服务员须轻轻转动瓶口（避免酒滴在台布上），再用左手中的口布擦一下瓶口
↓ 添加服务	（1）服务员随时为客人加酒 （2）当整瓶酒将倒完时，服务员须询问客人是否再加一瓶，如果客人不再加酒，及时将空酒杯撤掉 （3）如客人同意再加一瓶，服务程序与标准同上

流程04：白葡萄酒服务

白葡萄酒服务的作业流程如下表所示。

白葡萄酒服务的作业流程

操作步骤	操作说明
准备工作 ↓	（1）客人订完白葡萄酒后，须立即到吧台取酒，取酒时间不准超过5分钟 （2）须在冰桶中放入1/3冰桶的冰块，再放入1/2冰桶的水后，将冰桶放在冰桶架上，并配有一条叠成8厘米宽的条状口布 （3）将白葡萄酒放入冰桶中，商标须向上 （4）在客人的饮料杯右侧摆放白葡萄酒杯，间距1厘米，酒杯须洁净、无缺口、无破损

（续表）

操作步骤	操作说明
展示服务	（1）将准备好的冰桶架、冰桶、白葡萄酒、口布条一次性拿到客主人座位的右侧 （2）左手持口布，右手持葡萄酒，将酒瓶底部放在条状口布的中间部位，再将条状口布两端拉起至酒瓶商标以上部位，并使商标全部露出 （3）右手持用口布包好的酒瓶，左手四个指尖轻托住酒瓶底部，送至客主人面前，请主人看酒的商标，并询问客主人是否可以开启
白葡萄酒的开启服务	（1）得到客主人允许后，将白葡萄酒放回冰桶中，左手扶住酒瓶，右手用开酒刀割开铅封，并用一块洁净的口布将瓶口擦干净 （2）将酒钻垂直钻入木塞，注意不准旋转酒瓶，待酒钻完全钻入木塞后，轻轻拔出木塞，木塞出瓶时不准有声音
斟酒服务	（1）服务员须右手持条状口布包好酒瓶，商标朝向客人，将白葡萄酒从客主人右侧倒入客主人杯中1/5处，请客主人品酒 （2）客主人认可后，按照先宾后主、女士优先的原则依次为客人倒酒，倒酒时须站在客人的右侧，将白葡萄酒倒至杯中2/3处即可 （3）每倒完一杯酒须将酒瓶按顺时针方向轻轻转一下，避免瓶口的酒滴落在台面上；倒酒时，酒瓶商标须面向客人，瓶口不准粘贴杯口，以免有碍卫生及发出声响 （4）倒完酒后，将白葡萄酒放回冰桶内，商标须向上
添加服务	（1）随时为客人添加白葡萄酒 （2）当整瓶酒将倒完时，须询问客主人是否再加一瓶，如客主人不再加酒，即观察客人，待客人喝完后，立即将空杯撤掉 （3）如客主人同意再添加一瓶，服务程序与标准同上

流程05：红葡萄酒服务

红葡萄酒服务的作业流程如下表所示。

红葡萄酒服务的作业流程

操作步骤	操作说明
准备服务	（1）客人点完红葡萄酒后，服务员须立即到吧台取酒，取酒时间不准超过 5 分钟 （2）准备好酒篮，将一块洁净的口布铺在酒篮中 （3）将红葡萄酒放在酒篮中，商标须向上 （4）在客人的饮料杯右侧摆放红葡萄酒杯，间距 1 厘米，酒杯须洁净、无缺口、无破损
展示服务	（1）服务员须右手拿起装有红葡萄酒的酒篮，走到客主人座位的右侧，向客人展示红葡萄酒 （2）服务员须右手拿酒篮上端，左手轻轻托住酒篮的底部，呈45度倾斜，商标向上，请客主人看清酒的商标，并询问客主人是否可以开启
开启服务	（1）得到客主人的允许后，将红葡萄酒立于酒篮中，左手扶住酒瓶，右手用开酒刀割开铅封，并用一块洁净的口布将瓶口擦净 （2）将酒钻垂直钻入木塞，注意不准旋转酒瓶，待酒钻完全钻入木塞后，轻轻拔出木塞，木塞出瓶时不准有声音
斟酒服务	（1）服务员将打开的红葡萄酒放回酒篮，商标须向上，同时用右手拿起酒篮，从客主人右侧倒入客主人红葡萄酒杯中1/5处，请客主人品酒 （2）客主人认可后，开始按先宾后主、女士优先的原则，依次为客人倒酒，倒酒时须站在客人的右侧，倒入客人杯中的3/5处即可 （3）每倒完一杯酒须轻轻转一下酒篮，避免酒滴在桌布上；倒酒时，酒瓶商标须面向客人，瓶口不准粘贴杯口，以免有碍卫生及发出声响 （4）倒完酒后，把酒篮放在客主人餐具的右侧，注意不准将瓶口对着客人
添加服务	（1）随时为客人添加红葡萄酒 （2）当整瓶酒将倒完时，须询问客主人是否再加一瓶，如果客主人不再加酒，即观察客人，待客人喝完酒后，立即撤掉空杯 （3）如客主人同意再添加一瓶，服务程序与标准同上

流程06：烈酒服务

烈酒服务的作业流程如下表所示。

烈酒服务的作业流程

操作步骤	操作说明
准备酒杯及用具 ↓	（1）根据客人所点的烈酒品种，准备好相应的酒杯、搅棒、器皿 （2）服务用托盘、酒杯须洁净、无破损、无水迹，搅棒须洁净、完好
斟酒服务 ↓	（1）客人在点混合烈酒时，服务员须根据客人的要求在酒杯中添加冰块 （2）根据客人选择烈酒时的品种，须正确使用装饰物，如客人有特殊要求，则按客人要求服务 （3）烈酒须由调酒员在吧台内用量酒器将酒倒入杯中 （4）在附加饮料倒入调酒杯时，须由服务员在客人面前服务 （5）服务混合烈酒时，服务员须将搅棒提前放入杯中
添加服务	（1）服务员须使用托盘，按先宾后主、女士优先的原则从客人的右侧为客人服务烈酒 （2）在服务混合烈酒时，须根据客人的喜好添加附加饮料

流程07：花雕酒服务

花雕酒服务的作业流程如下表所示。

花雕酒服务的作业流程

操作步骤	操作说明
准备工作 ↓	（1）营业前，须准备充足的花雕酒，以及姜片、枸杞、话梅等辅料 （2）在客人的水杯右上侧摆放酒杯，间距1厘米，酒杯须洁净、无缺口、无破损、无水迹、无指印

（续表）

操作步骤	操作说明
斟酒服务	（1）人就座后，服务员须先问明客人酒是否加热及添加姜片、枸杞、话梅等辅料 （2）根据客人要求，服务员填写酒水单送至收银处，并由服务员为客人备酒，时间不准超过5分钟 （3）若客人要热饮，服务员须告诉客人需要加热的时间，请客人等侯 （4）将加热好的酒水，按先宾后主、女士优先的原则依次从客人右侧为客人倒酒，倒入客人杯中的1/3处即可，提醒客人热饮要小心 （5）斟酒时，瓶口不准粘贴杯口，以免有碍卫生及发出声响
添加服务	（1）当酒壶中的酒将要倒完时，询问客人是否再加酒，如客人同意加，服务程序与标准同上 （2）如客人不再加酒，服务员待其喝完酒后，将空杯撤掉

流程08：白兰地净饮服务

白兰地净饮服务的作业流程如下表所示。

白兰地净饮服务的作业流程

操作步骤	操作说明
出品	出品前用布将酒瓶上的积尘擦拭干净。较贵重的白兰地可以同包装盒一起出品。配齐服务用具[小调、白兰地杯、冰桶（盛冰块）、冰夹]，送至客人面前，按出品程序上台
验酒	站于客人左侧（包房及卡座以蹲姿式服务），左手握瓶颈，右手托住瓶底，瓶身倾斜45度，（如客人左侧较拥挤，可站于客人右侧，以右手握瓶颈，左手托住瓶底），将酒标签朝着客人，向客人展示一下你准备佳酿，征求客人意见："先生/女士，这是您点的一支××，请验酒。"
开酒	用手撕开瓶封上的锡纸，旋转拧开瓶盖

（续表）

操作步骤	操作说明
↓ 试酒	拿起酒瓶，往白兰地杯中倒入约一安士的酒液递给客人，请客人试酒
↓ 分酒	将酒瓶拿起，酒标朝上地将酒液倒入小调中，盛至八分满，倒酒完毕时，将酒瓶顺时针旋转90度顺势收瓶，防止酒液滴出。酒瓶置于台面时，酒标朝向客人，将瓶盖盖上
↓ 斟酒	（1）按客人人数，将白兰地杯整齐排列于方便服务的位置，手持小调，斟上1/4杯（可根据客人要求多加） （2）全部斟完后，按宾客秩序呈于客人右手边顺手的位置。如果客人人数较多，可分批（一般4～5人一次）呈上给客人 （3）在客人要求的情况下，帮客人往酒杯内加入冰块
↓ 理台	（1）将台面物品摆放整齐，清理台面杂物 （2）随时为客人分酒、斟酒

流程09：威士忌及白兰地的混饮服务

威士忌及白兰地的混饮服务的作业流程如下表所示。

威士忌及白兰地的混饮服务的作业流程

操作步骤	操作说明
出品	出品前用布将酒瓶上的积尘擦拭干净。较贵重的酒水可以同包装盒一起出品。配齐服务用具，传送至客人处，按出品程序上台
↓ 验酒 ↓	站于客人左侧（包房及卡座以蹲式服务），左手握瓶颈，右手托住瓶底，瓶身倾斜45度，（如客人左侧较拥挤，可站于客人右侧，以右手握瓶颈，左手托住瓶底），将酒标签朝着客人，向客人展示该酒，征求客人意见："先生/女士，这是您点的一支×××，请验酒。"

（续表）

操作步骤	操作说明
开酒	撕开瓶封上的锡纸，旋转拧开瓶塞
调酒	调酒前，要先询问客人调酒的勾兑比例，如：“先生，请问您是需要调浓一点还是淡一点”。征得客人意见后，依次往大调里加入冰粒、酒、饮料： （1）往大调里加入冰块时，应以冰夹拔动桶内冰块（手不可触碰冰块），防冰块滑出，冰块加入1/3壶 （2）加酒时要用公杯量酒，倒酒时酒标朝上，顺时针旋转90度收瓶 （3）饮料可两瓶同时注入 （4）酒倒出后，及时盖上瓶盖，厅区服务时将公杯盖在瓶盖上 （5）调酒时空饮料瓶放于台下，避免妨碍客人
分酒	右手拿起大调，以右手四指穿过壶柄，拇指根部按住壶盖，将大调倒立竖起，将调好的酒水注入小调中（注酒时可将右手拿开，使酒液呈流线型注入小调中），小调盛至九分满时停止，将大调置于台面后为客人进行斟酒服务
斟酒	按客人人数，将酒杯整齐排列于方便自已服务的位置，右手持小调，斟3/4（八分满）杯（或根据客人要求的份量添加），斟完每人一杯后，按宾客秩序将酒杯呈于客人右手边顺手的位置。如果客人人数较多，可分批斟上（一般4～5人斟一次）。呈上第一杯和最后一杯时，以手势示意请客人慢用
理台	将台面物品摆放整齐，清理台面杂物。离台时将空冰桶，空瓶带走，空瓶不得装入冰桶。中途服务时注意随时为客人调酒、分酒、斟酒。始终保持台面干净、整洁。注意中途服务过程中的促销

流程10：日本烧酒服务

日本烧酒服务的作业流程如下表所示。

日本烧酒服务的作业流程

操作步骤	操作说明
准备工作	（1）开餐前，须准备充足的烧酒，并将加热器打开 （2）在客人的水杯右上侧摆放酒杯，间距1厘米；酒杯须洁净、无缺口、无破损、无水迹、无指印
斟酒服务	（1）客人就座后，服务员须问明客人烧酒是热饮还是凉饮 （2）客人点完酒后，服务员须立即到吧台取酒，时间不准超过5分钟 （3）若客人热饮，服务员须告诉客人烧酒需要加热的时间，请客人等侯 （4）根据客人要求，服务员须先将柠檬片或日本酸梅放置在小碟中摆放在客人的右侧，由客人自己取用 （5）倒酒时，左手持一块叠成12厘米见方的洁净口布，右手拿酒壶，用口布将酒壶底部擦干净，按先宾后主、女士优先的原则依次从客人右侧为客人倒酒，倒入客人杯中的1/3处即可 （6）加入热水或冰水，由客人用搅拌棒搅拌
添加服务	（1）当酒壶中的酒将要倒完时，询问客人是否再加酒，如客人同意加，服务程序与标准同上 （2）如客人不再加酒，服务员待其喝完酒后，将空杯撤掉

流程11：日本清酒服务

日本清酒服务的作业流程如下表所示。

日本清酒服务的作业流程

操作步骤	操作说明
准备工作	（1）开餐前，须准备充足的清酒，并将加热器打开 （2）在客人的水杯右上侧摆放酒杯，间距1厘米
点酒服务	（1）客人就座后，服务员须先问明客人清酒是热饮还是凉饮 （2）根据客人要求，服务员填写酒水单送至收银处，并由调酒师为客人准备清酒，时间不准超过5分钟

（续表）

操作步骤	操作说明
斟酒服务	（3）若客人要热饮，服务员须告诉客人清酒需要加热的时间，请客人等候 （4）将加热好的清酒添加到酒壶中，倒酒时，左手持一块叠成12厘米见方的洁净口布，右手拿酒壶，用口布将酒壶底部擦干净，按先宾后主、女士优先的原则依次从客人右侧为客人倒酒，倒入客人杯中的1/3处即可 （5）倒酒时，瓶口不准粘贴杯口，以免有碍卫生及发出声响
↓ 添加服务	（1）当酒壶中的酒将要倒完时，询问客人是否再加酒，如客人同意加，服务程序与标准同上 （2）如客人不再加酒，服务员待其喝完酒后，将空杯撤掉

流程12：香槟服务

香槟服务的作业流程如下表所示。

香槟服务的作业流程

操作步骤	操作说明
准备工作	（1）准备好冰桶，冰桶须洁净、无杂物，在冰桶内添加适量的冰块 （2）准备一条洁净的口布 （3）服务员将香槟从吧台取出，擦拭洁净，并放置于冰桶内冰冻 （4）服务员将酒连同冰桶和冰桶架一起放于客人桌旁
↓ 展示服务 ↓	（1）服务员左手持口布，右手持香槟，将酒瓶底部放在条状口布的中间部位，再将条状口布两端拉起至酒瓶商标以上部位，并使商标全部露出 （2）服务员右手持用口布包好的酒，用左手四个指尖轻托住酒瓶底部，送至客人面前，请客人看酒的商标，并询问客人是否可以开启

（续表）

操作步骤	操作说明
开启服务	（1）得到客人允许后，服务员用酒刀将瓶口处的锡纸割开，左手握住瓶颈，同时用拇指压住瓶塞，右手将捆扎瓶塞的铁丝拧开、取下 （2）用洁净口布包住瓶塞的顶部，左手依旧握住瓶颈，右手握住瓶塞，双手同时反方向转动并缓慢地上提瓶塞，直至瓶内气体将瓶塞完全顶出 （3）开瓶时动作不宜过猛，以免发出过大的声音而影响客人
斟酒服务	（1）服务员右手持瓶，从客人右侧按先宾后主、女士优先的原则顺时针方向为客人斟酒 （2）斟酒时，酒的商标须始终面向客人，且瓶口不准粘贴杯口，以免有碍卫生及发出声响 （3）为所有的客人斟完酒后，将酒瓶放回冰桶内冰冻
添加服务	（1）服务员随时为客人添加香槟 （2）当整瓶酒将要倒完时，须询问客人是否再加一瓶。如客人不再加酒，应在待其喝完酒后立即将空杯撤掉 （3）如客人同意再添加一瓶，服务程序与标准同上

流程13：葡萄汽酒服务

葡萄汽酒服务的作业流程如下表所示。

葡萄汽酒服务的作业流程

操作步骤	操作说明
准备工作	（1）准备好冰桶 （2）服务员将酒从吧台取出，擦拭干净放在冰桶内 （3）服务员将酒连同冰桶和冰桶架一起放在客人的桌旁
展示服务	（1）服务员左手持餐巾，右手持葡萄汽酒瓶，将酒瓶底部放在中间部位，再将条状餐巾两端拉起至酒瓶商标以上部位，并使商标露出 （2）服务员右手用餐巾包好酒瓶，用左手四个指尖轻托住酒瓶底部，送至客人面前，请客人看清酒的商标

（续表）

操作步骤	操作说明
开启服务	（1）服务员用酒刀将瓶口处的锡纸割开，将酒瓶倾斜45度，左手握住瓶颈，同时用拇指压住瓶塞，右手将捆扎瓶塞的铁丝拧开，用干净餐巾包住瓶塞顶部，左手依旧握住瓶颈，右手握住瓶塞，双手同时反方向转动并缓慢地上提瓶塞，直至瓶内气体将瓶塞完全顶出 （2）开瓶时动作不宜过猛，不要将瓶口朝向客人
斟酒服务	（1）服务员右手持瓶，从客人右侧按先宾后主、女士优先的原则按顺时针方向为客人斟酒 （2）每斟一杯酒最好分两次完成，以免酒中泡沫溢出，斟酒完后需将瓶身顺时针轻转一下以防止瓶口的酒滴出 （3）酒的商标应始终朝向客人 （4）为所有的客人斟完酒后，将酒瓶放回冰桶内冰冻
添加服务	（1）酒瓶中只剩下一杯的酒量时，需及时询问客人是否准备另加一瓶，如客人不再加酒，应在待其喝完酒后立即将空杯撤掉 （2）如客人同意再添加一瓶，服务程序与标准同上

流程14：咖啡服务

咖啡服务的作业流程如下表所示。

咖啡服务的作业流程

操作步骤	操作说明
准备工作	（1）准备咖啡壶，咖啡壶应干净、无茶锈、无破损 （2）准备咖啡杯和咖啡碟，咖啡杯和咖啡碟应干净、无破损 （3）准备咖啡勺，咖啡勺应干净、无水迹 （4）准备奶罐和糖盅，奶罐和糖盅应干净、无破损 （5）向奶罐内倒入2/3罐的新鲜牛奶 （6）向糖盅内放入袋装糖，糖袋应无破漏、无污迹、无水迹
制作咖啡	（1）取用冲调一壶咖啡所需的咖啡粉或先磨咖啡豆 （2）先将咖啡粉容器取下，在容器内铺垫一张咖啡过滤纸，将咖啡粉倒入容器中，并放回到咖啡机上

（续表）

操作步骤	操作说明
制作咖啡	（3）从咖啡机上部的注水口注入一大壶冷水 （4）4分钟后，咖啡将自动煮好，流入到咖啡壶中 （5）如用自动咖啡机，一般每杯咖啡的制作时间需为20秒钟
器具摆放	（1）使用托盘，在客人右侧服务 （2）将干净咖啡碟和咖啡杯摆放在客人餐台上 （3）如客人只喝咖啡，则摆在客人的正前方 （4）如客人同时食用甜食，则摆在客人的右手侧
添加服务	（1）添加咖啡时，按顺时针方向进行，先宾后主、女士优先 （2）咖啡斟至2/3杯处 （3）将奶罐和糖盅放在餐桌上，便于客人取用

流程15：饮料服务

饮料服务的作业流程如下表所示。

饮料服务的作业流程

操作步骤	操作说明
拿取饮料	（1）主人点完饮料后询问客人是否需要冰镇或常温饮用，服务员去吧台取饮料 （2）在托盘中摆放饮料：根据客人的座次顺序摆放，第一客人的饮料须放在托盘的远离身体侧，重的饮料放在托盘的里侧 （3）取饮料的时间不准超过5分钟
展示饮料	服务员将酒水车推至客人的右侧，用右手从酒水车中取出饮料，然后在左手掌心放置叠成12厘米见方的口布，将客人所点的饮料瓶底放在口布上，右手扶住饮料上端，并呈45度倾斜，饮料的商标须朝向主人，为主人展示所点的饮料
饮料服务	（1）饮料取回后，左手托起托盘，右手从托盘中取出饮料，按先宾后主、女士优先的原则按顺时针方向服务

（续表）

操作步骤	操作说明
饮料服务	（2）斟饮料速度不宜过快，瓶口不准对着客人，避免可乐等含气体的软饮料溢出或溢出的泡沫溅着客人，同时饮料的商标须面向客人；对同一桌的客人须在同一时间段内按顺序提供饮料服务 （3）服务员须将所剩饮料瓶和饮料罐放在客人饮料杯的右侧，间距为2厘米，同时并四指并拢、手心向上用手示意并请客人慢慢品尝
添加饮料	随时观察客人的饮料杯，当发现客人杯中饮料仅剩1/3时，须立即询问客人是否需添加，如客人同意添加，开据饮料单为客人添加饮料；如客人不再添加饮料，等客人喝完饮料后，须从客人的右侧撤走空饮料杯

流程16：冰茶服务

冰茶服务的作业流程如下表所示。

冰茶服务的作业流程

操作步骤	操作说明
准备工作	（1）准备长饮杯，长饮杯应干净、无破损 （2）将适量的茶包放入水瓶中用沸水沏茶 （3）将沏好的茶水放入冰箱内冷藏，温度为2℃～6℃ （4）准备一个半圆片的柠檬片 （5）在罐中倒入2/3罐的糖水 （6）准备一支吸管和一支搅棒
制作冰茶	（1）在长饮杯中放入适量的冰块 （2）将凉茶倒入长饮杯至4/5处 （3）将柠檬片放入杯中 （4）将吸管插入杯中

（续表）

操作步骤	操作说明
↓ 添加服务	（1）使用托盘，在客人右侧服务 （2）先在客人面前放一块杯垫，再放上冰茶，在其右侧放一杯装有糖水的奶罐 （3）将搅拌棒放在冰茶和奶罐之间

流程17：冰水服务

冰水服务的作业流程如下表所示。

冰水服务的作业流程

操作程序	操作细则
清洁用具 ↓	服务用的冰水壶、冰桶、冰夹须打磨光亮，保持洁净、无污迹、无水迹
准备冰水 ↓	（1）营业前15分钟准备好冰和冰水，放在吧台上 （2）存放冰和冰水的冰桶和冰水壶的表面须洁净
冰水服务 ↓	（1）服务冰水时须使用托盘，且托盘须洁净、无破损、无油迹、无水迹 （2）冰桶须放置在托盘左侧，冰夹卡在冰桶边缘靠服务员一侧，水壶放置在托盘右侧，水壶把须朝向服务员一侧 （3）服务员须用右手从客人右侧按先宾后主、女士优先的原则按顺时针方向服务 （4）服务时动作轻缓，不准将水溅出杯外
添加冰水	（1）添加冰水时，水面斟至离杯口约2厘米 （2）服务员须随时为客人添加冰水

流程18：迎宾领位服务

迎宾领位服务的作业流程如下表所示。

迎宾领位服务的作业流程

操作步骤	操作说明
问候客人	见客人前来，迎宾员应面带微笑地主动招呼：“您好，欢迎光临。”若为老顾客，则应以姓氏称呼，以示尊重
询问是否有预订	（1）迎宾员问清客人人数以及是否有预订，若有则问清预订人的姓名或者电话号码，若没有订位的则根据客人的人数合理安排座位 （2）若是客满，迎宾员应有礼貌地告诉客人需要等候的时间；若客人不愿意等候，应向客人表示歉意，欢迎其下次光临；若客人愿意等候，应引领客人至休闲区，并提供茶水服务 （3）迎宾员协助客人在衣帽间存放衣物，并提示客人保管好贵重物品，存好后将取衣牌交给客人，提示其凭牌取回衣物 （4）迎宾员询问客人是否吸烟，如客人不吸烟，要请客人到非吸烟区就座
引领客人入座	（1）迎宾员走在客人前方，按照客人步伐调整行走速度，如路线较长或客人较多时应适时回头向客人示意，以免走散 （2）迎宾员将客人引到桌边，征求客人（未预订客人）对桌子及方位的意见，待客人同意后让客人入座 （3）迎宾员将座椅拉开，当客人坐下时，迎宾员用膝盖顶一下椅背，双手同时送一下，使客人与桌子距离合适 （4）迎宾员招呼服务员接待客人，并将就餐人数、主人姓名及房间号等信息告知服务员
服务后回位	迎宾员与服务员交接完毕后，回到餐厅正门继续迎宾

流程19：牙签服务

牙签服务的作业流程如下表所示。

牙签服务的作业流程

操作步骤	操作说明
准备牙签盅	检查牙签及牙签盅，牙签外包装无破损，每个牙签盅里放15根牙签，牙签盅必须干净，无污点
↓ 呈递牙签盅	（1）将牙签盅放在有垫布的服务托盘上 （2）走到客人桌旁，说："打扰了，先生 / 女士。" （3）用右手食指和大拇指提起牙签盅颈部放在桌子中央

流程20：香烟服务

香烟服务的作业流程如下表所示。

香烟服务的作业流程

操作步骤	操作说明
确认服务	（1）向客人介绍酒吧所能提供的香烟名称以方便客人选择 （2）确认客人所点香烟的名称及数量
↓ 拿取香烟	到收银台提取香烟，并检查香烟的品牌是否是客人所需要的品牌
↓ 放在碟内	将香烟及火柴平行放到带有垫纸的接碟内，将有酒吧标志的一面朝上并将酒吧标志正面朝向客人，香烟在左，火柴在右（将火柴有火擦的一边朝内）
↓ 添加服务 ↓	（1）将装有火柴及香烟的接碟放到客人的吧台上，注意将有标志的正面朝向客人。并对客人说："先生/女士，这是您的香烟。" （2）先将香烟盒的胶带及包装纸打开，并将香烟盒顶部的锡纸打开。然后按照以上的方法，将打开的香烟重新摆回带有垫纸的接碟内

（续表）

操作步骤	操作说明
↓ 为客点烟	（1）站在客人的右手边为客人服务 （2）拿起火柴将火柴从外向内轻滑，火焰燃烧时应水平持着火柴梗 （3）用另一只手围着火焰，然后送向客人（注意火焰一定要稳定，不可以匆忙送向客人） （4）离客人所点香烟2～3厘米为客人点烟 （5）点烟后用右手轻轻摇几下，将火焰熄灭 （6）将熄灭的火柴梗拿到服务台

流程21：客人存酒服务

客人存酒服务的作业流程如下表所示。

客人存酒服务的作业流程

操作步骤	操作说明
确认存酒种类 ↓	存酒应为葡萄酒和洋酒，如是其他酒水存放酒吧，则须经酒吧经理同意
填写存酒表 ↓	在存酒表上填写客人姓名、酒酒水名称、份量、日期，并双方签名
填写存酒牌 ↓	在存酒牌上写上客人姓名、日期，将存酒牌挂在相应的酒瓶上
存放服务	将客人所存的酒存放在存酒柜里。客人每次使用存酒，都须重新填写存酒表，更改份量及日期

流程22：现金结账服务

现金结账服务的作业流程如下表所示。

现金结账服务的作业流程

操作步骤	操作说明
检查账单 ↓	服务员检查台号、菜品、酒水品类和价钱是否正确
打出账单 ↓	加上缺失项目，检查总计金额
递上菜单 ↓	服务员将账单放入账单夹内，从客人右侧将夹子放在客人面前
现金结账 ↓	服务员检查客人所付现金，把钱和账单送去收银台，检查收银员找回的钱是否正确，然后将账单条和所找的钱送还客人
感谢客人	收回账单夹并礼貌向客人致谢

流程23：信用卡结账服务

信用卡结账服务的作业流程如下表所示。

信用卡结账服务的作业流程

操作步骤	操作说明
信用卡结账 ↓	服务员询问客人结账方式，客人要求信用卡结账
持刷卡机至客人 ↓	服务员从收银台处取出刷卡机，送到客人餐桌前
审核信用卡 ↓	（1）信用卡卡面要完整 （2）信用卡在有效期内 （3）如不符合上述要求，则将信用卡退还给客人
完成刷卡 ↓	（1）磁条面向内刷卡，核对卡号与刷卡机荧屏显示的卡号是否一致 （2）如卡号不相符，将卡退还客人

（续表）

操作步骤	操作说明
↓ 输入消费金额	（1）将消费金额输入到刷卡机中，输入的最小单位为分 （2）如有密码，请客人输入密码并确认
↓ 打印单据	（1）打印交易凭单两张，请客人核对单据金额 （2）要求客人在单据第一联签字确认
↓ 签名审核	审核信用卡背面预留印鉴与客人在单据上的签字是否相符
↓ 完成操作	第一联商户存根联与账单即刻交回收银台处结账，信用卡与第二联客户存根联退还给客人

流程24：开发票服务

开发票服务的作业流程如下表所示。

开发票服务的作业流程

操作步骤	操作说明
发票信息	（1）客人结账时如提出开具发票要求，服务员应礼貌地询问客人发票上需要写明的台头名称 （2）礼貌地告诉客人账单的第一页将留在收银处存档，请客人稍等
↓ 开具发票	（1）服务员将账单第一页交给收银员，并告诉收银员台头名称，请收银员为客人开具发票 （2）检查发票上的单位名称、数字填写是否正确
↓ 送上发票	服务员将发票夹在账单夹内，从客人右侧将其交给客人，并再次向客人表示感谢

流程25：酒吧清洁

酒吧清洁的作业流程如下表所示。

酒吧清洁的作业流程

操作步骤	操作说明
清洁陈列柜	（1）准备湿、干毛巾各一条，玻璃清洁剂一瓶 （2）先将玻璃清洁剂喷在酒吧台陈列柜中有油渍或污渍的地方，再用毛巾抹净 （3）用湿布抹净酒吧台陈列柜，然后用干毛巾抹干 （4）清洁后的酒吧台陈列柜应明亮、无雾状、无灰尘、无污渍、无水渍
清洁雪柜	（1）准备湿毛巾一条 （2）将雪柜内的酒水全部取出，拆下层架 （3）用湿毛巾将雪柜内壁抹净，除去出风口污垢，确保无污渍和水迹 （4）抹干净层架后将其放回雪柜内 （5）按先入先出的原则，将酒水分类后整齐放回雪柜，新货靠里、旧货靠外 （6）将雪柜门表面抹干净，确保无污渍和手印
清洁工作柜、储物柜	（1）准备湿毛巾一条 （2）将柜内的酒水、物品全部取出 （3）用湿毛巾将柜的四壁抹净，确保无污渍 （4）将酒水、物品分类后整齐放回柜里 （5）抹干净柜门、柜面，确保无污渍、无灰尘、无水迹
清洁地面	（1）准备好扫帚、垃圾铲、拖把及地拖桶 （2）用扫帚将地面的垃圾打扫干净，然后往地拖桶内注入2/3的水，并倒入适量的清洁液 （3）把拖把清洗后挤干，拖干净地面，然后用干拖把抹干地面 （4）清洁后的地面应干净、无污渍、无脚印

流程26：酒水的补充

酒水的补充的作业流程如下表所示。

酒水的补充领货的作业流程

操作步骤	操作说明
准备酒水出库单	（1）当值夜班的酒吧调酒员根据当天酒水的销售情况，对照应有存货表，检查核实现有存货，然后填写酒水出库单，以补充存货 （2）领取酒水类、食品类须分别填写出库单，清楚填写各类酒水、食品的品种、名称和数量。空瓶、空箱退回仓库处理前，需清楚填写出库单，并在出库单上注明“退仓” （3）出库单经酒水部当值管理人员签名确认后，送当值经理及饮食成本控制组主管签批
↓领取酒水	（1）准备载货用的小车 （2）调酒员凭签批后的货单到货仓提货 （3）根据出库单内容逐一检查实发物品，确认无误后将货品搬到小车上，然后再复核一遍 （4）货仓发货员与领货人须在出库单上签名 （5）调酒员将载货的小车推回酒吧
↓存放货物	（1）尽快拆除新领取的酒水包装，用毛巾抹干净瓶身 （2）调酒员将新酒水分类整齐放入雪柜或储酒柜内，新货靠里、旧货靠外，酒水的商标应统一朝外 （3）在存货表上准确记录新领取的酒水数量

流程27：酒吧摆设

酒吧摆设的作业流程如下表所示。

酒吧摆设的作业流程

操作步骤	操作说明
洋酒的摆设 ↓	（1）调酒员用毛巾抹干净洋酒陈列架，确保其明亮，无雾状、无灰尘、无污渍、无水渍 （2）调酒员用湿毛巾抹干净酒瓶，注意瓶口不能留有酒液 （3）分类摆放开胃酒、烈酒、餐后酒，高档洋酒应放于显眼的位置，各类酒水的商标应统一朝外摆放

（续表）

操作步骤	操作说明
↓ 杯具的摆放	（1）调酒员每天清洁悬挂的酒杯 （2）杯具必须分类、整齐地倒置摆放，以方便取用 （3）摆放杯具的台面应先垫一张干净的台布或杯布，台布或杯布要经常更换 （4）必须确保杯具清洁明亮、无污渍、无水迹和无破损

流程28：准备摆设用具

准备摆设用具的作业流程如下表所示。

准备摆设用具的作业流程

操作步骤	操作说明
准备用具 ↓	（1）准备纸巾杯、烟灰缸、火柴、杯垫、插单用杯等 （2）检查并确保用具清洁干净、无破损、无污渍 （3）抹干净吧台，确保无灰尘、无污渍 （4）每两张吧凳中间所对的吧槽位置摆放纸巾杯和插单用杯各一个，杯的两边各放两个叠起的烟灰缸，纸巾杯定量放入12张纸巾
摆放酒具	（1）准备摇酒壶、量酒器、调酒杯、吧更、滤酒器、酒桶、冰桶、冰夹等酒具 （2）酒具在酒吧营业前必须全部清洗干净，营业中每次使用后必须马上清洗，抹干放回原处 （3）按规定的位置摆放好酒具

流程29：杯具准备

杯具准备的作业流程如下表所示。

杯具准备的作业流程

操作步骤	操作说明
清洁用具	（1）准备一条干净的抹杯布 （2）往酒桶内装入2／3的热水，然后放入两片柠檬片 （3）在准备放杯的台面铺上干净的台布或杯布
↓ 擦拭杯具	（1）将已清洗和消毒的杯具放于热水上方 （2）调酒员右手抓住抹杯布的一角，将其塞入杯内，然后左手握着杯子的底部慢慢地转动，将杯子的内外壁的污渍和水渍擦去 （3）在灯光下检查抹过的杯，确保杯体洁净光亮，无破损、无水迹 （4）将抹净的杯子倒置放在铺有干净垫布的台面上
↓ 摆放杯具	将擦拭干净的杯具分类并整齐摆放在工作柜台上，以方便取用

流程30：调酒配料及装饰物准备

调酒配料及装饰物准备的作业流程如下表所示。

调酒配料及装饰物准备的作业流程

操作步骤	操作说明
准备配料	（1）调酒员准备调酒配料及装饰物，包括柠檬片、柠檬角、车厘子、橄榄、橙角、菠萝角、青瓜皮、西芹条等 （2）调酒员填写出仓单并到货仓提取所需的各种配料
↓ 加工配料	（1）调酒员将新鲜的配料和装饰物清洗干净 （2）将柠檬切成3毫米厚的半圆片和一部分圆片，并去核 （3）将橙切成角状的六等份 （4）将菠萝横切成1厘米厚的圆片，然后分成六等份 （5）将西芹切成宽2厘米、长12厘米的条状
↓ 保存配料	调酒员将配料和装饰物加工成品放在盘内或杯内，用保鲜纸包好，存放在雪柜内

流程31：清洁、检查酒吧设备

清洁、检查酒吧设备的作业流程如下表所示。

清洁、检查酒吧设备的作业流程

操作步骤	操作说明
清洁、检查榨汁机和搅拌机	（1）服务员在酒吧营业前后及每次使用榨汁机和搅拌机后，必须马上使用专用洗机刷将其清洗干净并抹干 （2）检查榨汁机和搅拌机，确保插座、插头完好，接线无破损、无外露 （3）开启榨汁机和搅拌机试运行，确保运行正常
清洁、检查咖啡机	（1）开启咖啡机，按动电脑程序键自动洗机 （2）用湿毛巾清洁咖啡机外壳 （3）及时将咖啡渣倒掉 （4）开启咖啡机试运行，确保无异常的噪音 （5）对咖啡试味，确保浓淡适中、分量适宜 （6）如机器出现故障，须立即通知供应商前来检修
清洁、检查生啤机	（1）每天用湿毛巾清洁生啤机外壳 （2）供应商负责定期清洗生啤机 （3）倒适量的生啤试味，确保味道正常、泡沫适中 （4）如机器出现故障，须立即通知供应商前来检修
清洁、检查饼柜	（1）用湿毛巾擦拭饼柜外壳，确保无污渍、无水迹 （2）清洁饼柜内外的玻璃，确保光洁明亮，无雾状、无污渍、无水迹 （3）开机试运行，确保运行正常
清洁、检查咖啡炉	（1）用湿毛巾清洁咖啡炉的外壳，确保清洁干净、无污渍 （2）检查咖啡炉，确保插座、插头完好，接线无破损、无外露 （3）开炉烧开水，确保能使水煮沸、能保温

流程32：台面摆设

台面摆设的作业流程如下表所示。

台面摆设的作业流程

操作步骤	操作说明
准备工作	（1）服务员用干、湿毛巾清理干净台面 （2）准备花瓶、纸巾杯、烟灰缸、酒水牌、台卡等用品 （3）检查并确保用品干净，无破损、无污渍、无水迹 （4）给花瓶注水，插入鲜花，抹干瓶身 （5）纸巾杯定量放12张纸巾
↓ 摆台操作	（1）每张台中央摆放花瓶、纸巾杯、烟灰缸及酒水牌 （2）将酒水牌从中页打开，呈90度角立放于台面，酒水牌的正面朝向通道

第二节　服务细节

细节01：巡台服务

服务员应勤走动、多巡台，忌站着等客人招呼。巡台时应随时关注客人的需求，做到眼观六路，主动做好各项服务。服务员巡台时应以上、中、下的顺序关注，具体如下表所示。

巡台服务细节

顺序	服务要求	具体说明
上	关注顾客的要求	（1）客人招手或举烛台，要马上举手回应后跟进服务 （2）客人举冰桶，要马上举手回应后帮助打冰 （3）客人举调酒壶，要马上举手回应后帮助调酒

（续表）

顺序	服务要求	具体说明
上	关注顾客的要求	（4）客人举打火机，要马上举手回应（客人可能需要服务） （5）客人举空酒瓶，要马上举手回应后帮助点单、撤空瓶；举有酒的瓶，要马上举手回应后帮助调酒或可能需存酒 （6）客人举空杯子，要马上举手回应后帮助加杯或换杯 （7）客人举现金、酒水牌，马上回应，及时下单
中	留意台面并主动服务	（1）点完单后，酒水牌马上撤走 （2）台面湿了，要擦干（台面水迹面积最多不得超过台面30%） （3）台面有垃圾，要清理 （4）台面物品摆放整齐，客人不用的物品及时撤走 （5）台面有空瓶，要撤走并及时推销酒水 （6）酒水、饮料不多了要推销 （7）有空碟，要收走，要推销小吃 （8）有空杯，要撤走，要换新杯 （9）烟灰缸满2/3时，要更换 （10）蜡烛灭了，要及时更换，同一烛台内不得有两根蜡烛，烛台内不得有其他燃烧物 （11）冰桶里的冰块少于1/3时，要加至八分满 （12）小调酒壶的酒不够七分满，要加酒 （13）大调酒壶的酒少于1/8时，要主动调酒 （14）客人有大件物品时要提醒客人存包或挂起 （15）增加客人了，要及时加杯、斟酒 （16）桌子、凳子及时归位
下	地面卫生及时跟进	（1）地上有钱、手机、手饰等贵重物品，及时交经理或到收银台登记 （2）地上有色子、空瓶、垃圾及时捡起，归类放置 （3）地上有明燃的烟头应及时踩灭并捡起 （4）地上有水渍、呕吐物及时通知保洁员或自己及时处理 （5）地面有破损物品及时上报登记

细节02：更换烟灰缸

服务员在更换烟灰缸前，如烟灰缸有半截正在燃烧的烟头，必须征询客人的意见，是否可以撤换。不得用手去拾掉落的烟头，应用镊子。对于不同类型的烟灰缸，其更换要求有所不同，具体如下图所示。

更换杯形烟灰缸	（1）烟灰缸要及时更换，烟灰缸内不得超过2/3的烟头或杂物 （2）准备好干净、无破损的烟灰缸放入托盘中 （3）站在客人的一侧示意客人，说“对不起，打扰一下” （4）先将干净的烟灰缸放上台面，然后拿回脏烟灰缸
清理水晶烟灰缸	（1）水晶烟灰缸出现三个以上的烟头或杂物时要及时清理 （2）用干净的纸巾盖住烟缸，倒入垃圾桶，擦干净后，再放回原位

更换烟灰缸要求

细节03：出品摆台标准

出品摆台标准如下图所示。

小吃	小吃要摆放在桌子中央，如是多份小吃，要把高杯小吃放中间位置；已上桌的小吃放在旁边，新上桌的小吃放中间位置；调味碟放在小吃碟旁边
果盘	果盘放台面中间位置
小调	置于方便客人拿的位置，专人服务时，可摆放在服务员随手可拿到的位置
烟灰缸	摆放在方便客人使用的位置，兼顾多人同时使用，与小吃果盘等保持10厘米以上的距离

出品摆台标准

细节04：托盘操作顺序

传送小吃、收台、摆台、包房服务时必须使用托盘，托盘服务是服务过程中不可缺少的一个基本功，那怎样才能拿好托盘和在服务中怎样操作托盘呢？托盘操作顺序如下图所示。

理盘	清理盘子，选择无破损的，干净的（无水渍、酒渍、油渍）托盘，防止物品的滑动
装盘	根据托盘物品的先后顺序合理放置，重的、高的物品放在靠身体的一侧，矮的、轻的物品放在外侧。整个托盘内的摆放要求做到干净、整齐，有条理
起托	左手托盘，左臂弯曲成90度，掌心向上，手肘与腰之间保持一拳的距离，五指微弯曲分开，五个指头与大拇指的根部形成六个支点，托住托盘，使托盘保持平衡，用左手手腕灵活转向
行走	行走时应头正、肩平、上身应直、面带微笑、两眼平视前方、脚步做到“轻稳快”，托盘随着步伐的移动自然摆动。与客人相遇时，应侧身、停顿2～3秒并向客人点头致意，可向客人道“晚上好”或“您好”的问候语
卸盘	先卸轻、矮物品，后卸高、重的物品，先外面后里面，以免因突然失去重心导致物品滑落

托盘操作顺序

细节05：投诉产生的原因

一般酒吧投诉产生的原因具体如下图所示。

服务态度	迎宾怠慢客人，客人在门口没有人接待；客人坐下无人理会；服务员说话不客气；面无表情，神情傲慢；语言、行为过激
服务效率	出品时间太长；等候拿杯具、色盅、凳子等时间太久；客人等候找赎时间太长；招呼疏忽、遗漏

产品质量	出品的味道异常；出品份量不足；食物有杂质、变质；对价格方面的不满；音乐不好听
环境卫生	台面脏乱；杯具不洁；洗手间太臭；粘到口香糖；空气质量差，室温不合适
安全保障	丢失财物；有人打架；空中坠物；地滑摔跤；衣物刮破；隐私泄露
服务设备	灯光、音响不好；桌子不稳、凳子太少、座位不舒服；洗手间太少；凳面有钉子

投诉产生的原因

第三节　疑难解答

问题01：摆台有何标准

摆台是以美观、整洁、齐全、方便客人为标准的，摆放方法自行规定。不过，所有摆法都要求各相同散台、相同卡座、相同包房物品数量摆放一致、摆法统一。所有摆放用具、杯具上的酒吧标志要求全部正对客人座位方向。如大厅摆台，包括散台和卡座两种标准，具体如下图所示。

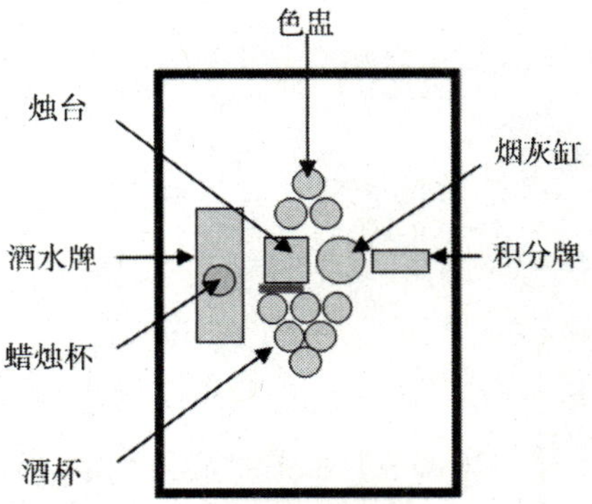

散台摆台标准

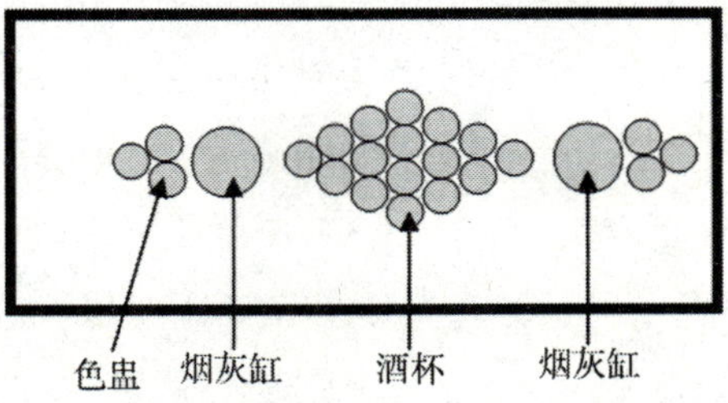

卡座摆台标准

台面下方储物架可根据桌位大小，倒扣存放4～6个杯，整齐置于杯垫上。2～3个色盅。房间摆台前注意茶几和沙发之间对齐，距离适中，以便客人入座时有适当的空间。不管采用何种摆法都要求同一间房的摆法一致，使整个房间的摆台显得整齐、美观、井井有条。

问题02：客人要求拼台应如何处理

拼台指客人人数过多，要求两张（或两张以上）台合并使用，其具体操作规程如下：

（1）当客人要求拼台时，应立即上报领班处理，如遇营业高峰期或上客高峰期应向客人婉言解释，稍后有空台时再为客人拼台。

（2）拼台须由订台中心派台，并报经理级以上人员同意后，由领班级以上人员操作。

（3）提醒客人新拼入的台需另设最低消费，特殊情况须经理以上人员同意，大厅散台设最低消费时照此规定操作。

（4）晚场客人较少，空台数量达10张以上时，楼面领班可直接帮助客人拼台，完毕后知会订台中心即可。

（5）拼台后以小号为下单台号。

问题03：客人要求并台应如何处理

并台是指客人遇到相识的朋友，要求将本台转并入朋友的台。并台由领班级（含）以上人员操作，具体规程如下：

（1）当客人要求并台时，应提醒客人转出的空台将会马上安排其他客人入座，不作保留。

（2）并台时使用对讲机通知订台中心、传菜部领班、区域领班及收银员后，由领班协助客人转移台面物品。

（3）在台位紧张时，客户经理应主动帮助客人并台。

（4）并台后如客人分开消费，应由领班为此台增加新的台号，如20号台，可增加一个台号“20+1”，下单时应分清楚客人。

问题04：存酒要注意哪些事项

酒吧在为客人提供存酒服务时，需要注意以下事项：

（1）存酒有效期为一个月。

（2）存过的啤酒、饮料及部分洋酒不能再存。需提供二次存酒服务的高档类和特类酒水由当店根据经营情况另行规定。

（3）二次存酒需经理级以上人员同意。

（4）二次存酒有效期一般为一周，经理级（含）以上人员有权延长二次存酒期限至一个月。

（5）客人自带的酒水饮料不能存，已开瓶的红酒、饮料、啤酒不能存。

（6）存酒服务操作要求在3分钟内完成。

（7）凡客人已离开，任何人不得代客存酒，剩余的酒水一律充公。

（8）酒吧任何员工不可代客保管存酒卡。熟客或VIP客户，可根据客人要求，以经理的名义将存酒卡放在收银台，由收银员代保管。

（9）客人遗忘的存酒卡，客户经理或订台中心在当天或次天下午给客人电话，提醒客人及时过来领取。

（10）存酒期满前一周，由订台中心或行政文员发信息提醒客人及时过来饮用。

问题05：无卡取酒应如何处理

无卡取酒指客人丢失酒卡或者之前办理过挂失的情况下，要求取酒。

1．已办理挂失的取酒操作

（1）当客人要求无卡取酒时，应先确认是否之前已办理挂失，如已挂失，则应核对办理挂失的时间，如在取酒期限内可为其办理取酒。

（2）询问客人姓名、电话、存酒日期、所存酒的名称、大概数量等信息，出品吧查找有无该挂失的存酒。

（3）核对客人姓名、电话号码无误后取出酒水，将存酒卡与酒一起交服务员。

（4）服务员将酒水送至客人，请客人签字确认已取酒并将酒卡交回出品吧。

（5）出品员在无卡取酒本上登记客人的姓名、电话、存酒日期、所存酒的名称、大概数量、台号等信息，以便查询和理账。

2. 未办理挂失情况下的无卡取酒

客人提出无卡取酒，一般情况下不给予办理。特殊情况经经理同意后按以下流程操作：

（1）询问客人姓名、电话、存酒日期、所存酒的名称、大概数量、台号等信息。

（2）把客人提供的信息反馈给出品吧，让其查找是否有该存酒。

（3）由经理在存酒卡上签上“同意无卡取酒”字样并签名后可取出。

问题06：发现客人损坏营业用品应如何处理

营业过程中，如果发现客人损坏营业用品（包括营业易耗品及场内设施、设备等固定资产），一律要求客人照价赔偿，赔偿金额参照“客损物品赔偿价格表”。

（1）员工发现客人损坏杯具等营业易耗品时，要首先关注客人是否受伤，如果有，应为客人提供纸巾、创可贴等服务，然后提醒客人损坏物品需要赔偿。收到客人的付款后应向客人致谢。如果客人不赔，则通知经理处理。

（2）如果在卡位、包房发现客人使用的台面、地面或垃圾桶有破损杯具时，应找到当桌的主客，同样按（1）处理。

（3）如果发现客人故意损坏公司物品时应立即报告，由经理以上人员处理。

（4）收到客人的付款后，交由领班开具PDA单，由领班至收银台付款。结账单由收银保管，出品单由负责盘点的楼面领班保管。

（5）如经经理处理，客人还是执意不赔，相关管理人员在一定金额范围内有权签免赔，超出权限范围的则向上级请示。

问题07：员工赔偿应如何处理

员工由于工作失误或故意损坏引起的营业用品损耗需要承担赔偿责任。如因工作失误打破杯具，因操作错误引起设施、设备的损坏等情况，具体赔偿金额参照“员工损坏物品赔偿价格表”，如果价格表上没有显示的物品则按成本价赔偿。故意破坏者则根据情节另作处罚。

1. 员工个人赔偿

（1）员工损坏物品时应主动上报领班处理。

（2）员工应互相监督，发现有同事损坏物品应上报领班级以上人员处理，领班级以上人员收到汇报后应马上进行调查。

（3）领班确认无误后，上报经理级以上人员，经理按照具体赔偿金额，开具赔偿单。

（4）当面与员工清点确认，要求该员工在赔偿单上签名确认。

（5）赔偿单签名完毕后，赔偿单一联交财务核算，另一联交负责盘点的领班。

2. 员工集体赔偿

当月底盘点时，出现盘点差数，差数部分由公司承担30%。其余部分由领用部门员工按赔款份数分摊。月底差数计算公式为：

月底差数＝上月剩余总数＋本月领用数－本月剩余总数－客人赔偿数－客人拒赔数－员工个人赔偿数－自然损耗数

问题08：客人出示存包牌后，提供的信息与存包本记录的信息不符应如何处理

当客人出示存包牌后，提供的信息与存包本记录的信息不符时，应询问客人是否本人存的包。

（1）如果客人说不是本人存包，应向客人致歉后要求存包者本人前来办理。

“对不起，麻烦您请其本人前来取包”、“对不起，为了保证客人的财物安全，非本人取包，我们不能办理取包手续。”

（2）如果客人说朋友（存包人）醉酒或已离场，要求帮其代领，应再次向客人致歉，并告诉客人酒吧将会帮客人将所存物品妥善保管，可等存包人清醒或方便后，再前来提取。特殊情况由经理以上人员进行处理。

（3）如果是本人取包，但因醉酒无法确认信息，第一时间

通知经理前来处理。

问题09：当发生火警时，应如何处理

当发生火警时，不论事态严重与否，都必须采取如下措施：

（1）保持沉静，不能惊慌失措，大喊大叫。

（2）第一现场员工必须稳定客人情绪。对客人讲："各位宾客，酒吧的应急消防员正在扑灭火患，目前火势正得到控制，请诸位不要惊慌。"

（3）了解客人有无埋单，并知道消费情况。

（4）积极配合该区同事，看好该区域内的客人动向，防止跑单。

（5）通知保安（附近的），说出火警发生的具体地点及火情。

（6）在安全的情况下，利用就近的灭火器，配合保安尽力将火扑灭。

（7）关掉一切电源开关（含电器用具类）。

（8）如果火势蔓延，必须配合保安、公司领导及同事引导客人按正确的安全通道撤离火警现场，以避免客人受到损伤。

（9）拨打火警电话119进行救助。

第五章

茶艺馆规范化

作业流程·服务细节·疑难解答

本章导读

作为茶艺馆的经营管理者，要想更好地实现对茶艺馆的管理，应实行标准化管理。那么，怎样才能实现标准化呢？标准化就是采用规范的作业流程实施操作，对于其中的服务细节予以分析，最后采用疑难解答的形式解决作业中的常见问题，从而达到精细化管理的目的。

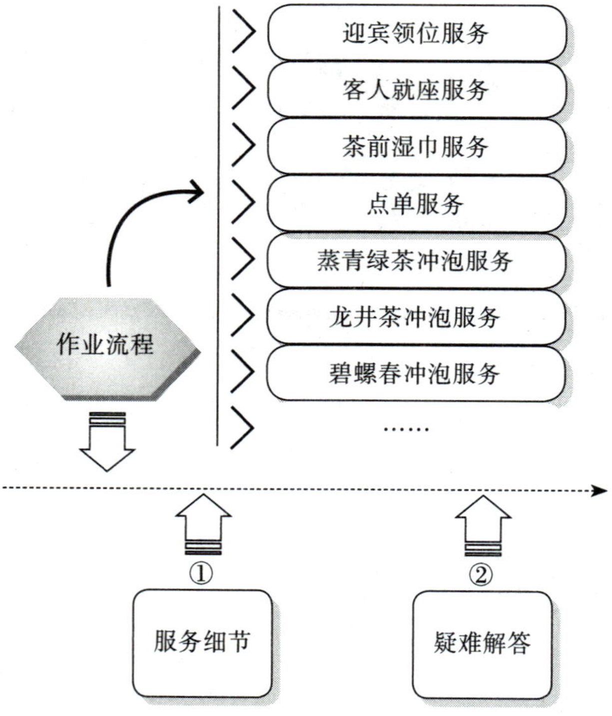

茶艺馆规范化管理示意图

解说

①服务细节是对作业流程中需要注意的细节的具体分析指导。

②疑难解答是对作业流程中经常遇到的问题的一个解释分析。

第一节　作业流程

流程01：迎宾领位服务

迎宾领位服务的作业流程如下表所示。

迎宾领位服务的作业流程

操作步骤	操作说明
恭候嘉宾	（1）客人未到达时，迎宾员站立大门两侧，挺胸收腹，双眼平视前方，面带微笑，头正肩平双手虎口相交，掌心向内，右手握左手置于小腹处 （2）客人到达时，迎宾员鞠躬问好，目光相接时问好：“先生（小姐）早上（中午/下午/晚上）好，欢迎光临！”、“××先生您好，今天是喜欢单间还是散座？”等
引领客人	（1）当明白客人的消费意向时，引领客人入厅。在引领客人时眼睛随时注视客人，走在客人的右前方1.5米左右，在引领过程中，可边走边询问客人的消费意向，了解信息，以便提供给茶艺员 （2）当迎宾员将客人带到客人喜欢的位置时，协助值台员安顿客人入座。当安顿完以后，迎宾员面对主宾微微鞠躬：“先生/女士，请等一下，茶艺员马上为您点单（服务），祝您品茶愉快！”讲完后退一步，方可转身离开

流程02：客人就座服务

客人就座服务的作业流程如下表所示。

客人就座服务的作业流程

操作步骤	操作说明
协助客人就座 ↓	（1）客人到达台位时，茶艺员微笑同客人打招呼，安排女士、长者或主宾面对正门的位置就座 （2）助客拉椅，请客人站于座椅前，客人落座，向前轻推座椅，此时膝盖可辅助用力 （3）如不便拉椅（靠墙椅或沙发），则在可能的情况下扶住桌边示意客人进入落座。如客人带有小孩、老人，则先照顾小孩、老人就座
客人就座后的服务	（1）将客人脱下的大衣及其他物品挂在衣帽架或合适的地方 （2）撤去台面或茶几上的多余摆饰物至指定地点，然后将烟灰缸摆放到客人顺手的位置 （3）安顿好客人后，向顾客微微鞠躬，并说："先生/女士，请稍等，我们马上为您点茶。"然后退后两步，转身离开，如果是贵宾间则退至门边，把门轻轻关上，再转身离开

流程03：茶前湿巾服务

茶前湿巾服务的作业流程如下表所示。

茶前湿巾服务的作业流程

操作步骤	操作说明
服务姿势 ↓	（1）托盘姿势：按标准托盘，久托站立客人右侧时成90度不能靠近客人，更不能置于客人头顶上方 （2）站立姿势：右脚跨前，与桌沿垂直距离相齐，双脚用力 （3）手势提示：在接近桌位时必须提醒客人注意。语言提示："打搅一下，请用湿巾"或"先生/女士，请用湿巾。"

（续表）

操作步骤	操作说明
↓ 上台服务	（1）将湿巾从内侧路线，放在客人的右手侧，距桌沿约8厘米处，湿巾托与桌面垂直，不能斜放 （2）放好后，收手时可顺势做一个“请用”的手势，以示对客人的尊重 （3）放完湿巾，退后两步，微微鞠躬离开

流程04：点单服务

点单服务的作业流程如下表所示。

点单服务的作业流程

操作步骤	操作说明
听单姿势 ↓	（1）客人示意点单时，值台员迅速趋身上前，向客人问好（您好），立于宾客右侧，约一步距离，微微鞠躬约30度，双腿等同肩宽站直 （2）左手执听单便笺，右手执笔 （3）目光微含笑意，同宾客目光相接或同宾客一起看着茶单
点单并介绍 ↓	（1）当顾客明白茶单内容自主点单时，值台员只需简写记录，但必须画好相应台记，以便区分顾客所点茶品 （2）如顾客对茶品内容不熟悉，需要介绍时，值台员必须根据客人的喜好作详尽的介绍，包括名称、种类、特点、口味、分量适宜性。同时作建议性的推荐，切不可根据自己的喜好作盲目的、主观的推销，声音适合两人听清为宜 （3）一桌客人点完以后，要向客人重复点单内容，待确定以后，鞠躬退后，并告诉客人“请稍等，我会尽快为你们送上茶品。”
入单	（1）点完单后，立即入单取茶，并做好沏茶准备 （2）值台员回到台桌前，根据茶品的操作时间，对台面进行整理，留出足够位置摆放茶品饮料

流程05：蒸青绿茶冲泡服务

蒸青绿茶冲泡服务的作业流程如下图所示。

准备好盖碗、茶海、滤网、滤网架、品茗杯、茶盘、茶巾、烧水器具、茶道组、茶荷、水盂

↓

用沸水温茶具，使茶具均匀受热

↓

左手横握茶荷，将茶荷口靠近盖碗口，右手取茶则将茶叶拨入盖碗中。足量后右手将茶则复位，两手合作将茶荷放回原位

↓

以高冲手法向盖碗内注水，目的是使茶叶充分浸润，促使可溶物浸出

↓

左手拿碗盖刮去水面茶沫，右手提壶，用壶内开水冲洗碗盖上的茶沫后，碗盖放回碗身上

↓

以高冲手法注水，注意尽量让茶叶在杯中翻滚，以便提高茶汤中的水溶物质

↓

由茶海依次将茶汤均匀分到品茗杯中

↓

右手握住杯的基部，左手中指指尖垫底，面带微笑给客人奉茶

蒸青绿茶冲泡服务的作业流程

流程06：龙井茶冲泡服务

龙井茶冲泡服务的作业流程如下图所示。

准备好用具，如玻璃杯、茶匙、茶盘、茶巾、随手泡、茶荷、水盂

↓

右手提壶，逆时针转动手腕，令水流沿茶杯内壁冲入。注水量为总容量的1/3处，右手虎口分开，握住茶杯基部；逆时针旋转杯身，尽量使整个杯壁都能接触热水，涤荡后将开水倒掉

↓

左手横握茶荷，将茶荷口靠近杯口，右手取茶则将茶叶依次拨入杯中。足量后右手将茶则复位，两手合作将茶荷放回原位

↓

以回转手法向玻璃杯内注入少量水，目的是使茶叶充分浸润，促使可溶物质浸出

↓

左手托住茶杯底，右手轻握杯身基部，运用右手手腕逆时针旋转茶杯，左手轻搭杯底做相应运动。此时杯中茶叶吸水，开始散发出香气

↓

摇香完毕，依次给玻璃杯注入七分满水，应注意让茶叶上下翻滚

↓

右手握住杯子基部，左手中指指尖托住杯底，面带微笑双手将泡好的茶依次敬给客人

龙井茶冲泡服务的作业流程

流程07：碧螺春冲泡服务

碧螺春冲泡服务的作业流程如下图所示。

玻璃杯、茶匙、茶盘、茶巾、随手泡、茶荷、烧水器具、水盂

↓

右手提壶，逆时针转动手腕，令水流沿茶杯内壁冲入。注水量为总容量的1/3处，右手虎口分开，握住茶杯基部，逆时针旋转杯身，尽量使整个杯壁都能接触热水，涤荡后将开水倒掉

↓

把随手泡的盖子打开，将烧开的水，凉至所需要温度

↓

依次给杯子注入总容量七分满的水

↓

左手横握茶荷，将茶荷口靠近杯口，右手取茶则将茶叶依次拨入杯中。足量后右手将茶则复位，两手合作将茶荷放回原位

↓

右手握住杯子基部，左手中指指尖托住杯底，面带微笑双手将泡好的茶依次敬给客人

碧螺春冲泡服务的作业流程

流程08：烘青绿茶冲泡服务

烘青绿茶冲泡服务的作业流程如下图所示。

准备好用具，如玻璃杯、茶匙、茶盘、茶巾、随手泡、茶荷、烧水器具、水盂

↓

右手提壶，逆时针转动手腕，令水流沿茶杯内壁冲入。注水量为总容量的1/3处，右手虎口分开，握住茶杯基部，逆时针旋转杯身，尽量使整个杯壁都能接触热水，涤荡后将开水倒掉

↓

将随手泡的盖子打开降水温

↓

给杯内注入1/3的冲泡用水

↓

左手横握茶荷，将茶荷口靠近杯口，右手取茶则将茶叶依次拨入杯中。足量后右手将茶则复位，两手合作将茶荷放回原位

↓

左手托住茶杯底，右手轻握杯身基部，运用右手手腕逆时针旋转茶杯，左手轻搭杯底做相应运动，此时杯中茶叶吸水，开始散发出香气

↓

依次给玻璃杯注入七分满水，应注意让茶叶上下翻滚

↓

右手握住杯子基部，左手中指指尖托住杯底，面带微笑双手将泡好的茶依次敬给人

烘青绿茶冲泡服务的作业流程

流程09：滇绿冲泡服务

滇绿冲泡服务的作业流程如下图所示。

准备好用具，如盖碗、茶海、滤网、滤网架、品茗杯、茶盘、茶巾、烧水器具、茶道组、茶荷、水盂

↓

右手提壶，逆时针转动手腕，令水流沿茶杯内壁冲入。注水量为总容量的1/3处，右手虎口分开，握住茶杯基部，逆时针旋转杯身，尽量使整个杯壁都能接触热水，涤荡后将开水倒掉

↓

左手横握茶荷，将茶荷口靠近盖碗口，右手取茶则将茶叶拨入盖碗中。足量后右手将茶则复位，两手合作将茶荷放回原位

↓

以高冲手法向盖碗内注水，目的是使茶叶充分浸润，促使可溶物浸出

↓

左手拿碗盖刮去水面茶沫，右手提壶，用壶内开水冲洗碗盖上的茶沫后，碗盖放回碗身上

↓

以高冲手法注水，注意尽量让茶叶在杯中翻滚，目的是提高茶汤中的水溶物质

↓

由茶海依次将茶汤均匀分到每个品茗杯中

↓

右手握住杯的基部，左手中指指尖垫底，面带微笑给客人奉茶

滇绿冲泡服务的作业流程

第二节 服务细节

细节01：泡茶器皿摆放标准

泡茶器皿摆放标准如下图所示。

茶盘	用来置放茶具，一般放在茶桌的中央
盖碗	放在茶盘中央偏右的位置，茶海右侧
茶海	用来盛装茶汤并控制茶汤的均匀浓淡度，以及让茶末沉淀，放在茶盘中央偏左的位置，与茶杯同一水平线，放在盖碗左侧
网架	置放茶滤的架子，一般放在茶盘左上角
过滤网	过滤茶渣，使茶汤清新洁净，一般置于网架上
茶洗	用来装杯子的，一般置于茶桌右上角，用来盛装客人用过的杯子，茶洗中的水要保持干净且水要漫过杯子
消毒锅	一般摆放在茶桌右侧，每次泡茶时都必须要从消毒锅中拿干净的品茗杯，并把品茗杯放在茶海和盖碗前方
电磁炉	一般摆放在茶桌右侧，便于服务员泡茶时取水方便
茶巾	用来擦拭茶器或壶底的脏水，一般叠成长方形放在茶盘外侧的右下方

茶道	一般放在茶盘左侧（可根据实际情况调整），茶道中的器皿要摆放正确
茶夹	用来夹杯、洗杯，切不可夹散落在茶盘上的茶渣，摆放位置要正确，一般茶夹要头朝下反放在茶盘右侧距茶盘边缘10～15厘米处，茶夹头部茶盘约6厘米左右

泡茶器皿摆放标准

细节02：泡茶三要素

在各种茶叶的冲泡过程中，茶叶的用量、水温和茶叶浸泡的时间是冲泡技巧中的三个基本要素如下图所示。

时间	指泡茶的时间，茶叶浸泡的时间要适宜，一般情况第一泡为1分钟左右，第二泡比第一泡长10～15秒左右，以此类推
用量	指茶叶的用量，乌龙茶可根据茶叶的外型来判断，条索型较疏松，约占壶的1/2～2/3之间；半球型，约占壶的1/3，台式工艺紧结球型，约将壶底盖满一层即可
温度	指泡茶的水温、壶温、杯温，服务员要了解不同茶类对冲泡水温的要求

泡茶三要素

第三节　疑难解答

问题01：中国四大茶区是哪里

中国的四大茶区，指的是西南茶区、华南茶区、江南茶区、江北茶区。

（1）西南茶区。包括云南、贵州、四川三省及西藏东部，是中国最古老的茶区。主产红茶、绿茶和黑茶，也是大叶种红碎茶基地之一。

（2）华南茶区。中国南部，包括广东、广西、福建、海南和台湾等，主产红茶、乌龙茶、花茶、白茶和六堡茶，为中国最适宜茶树生长的地区之一。

（3）江南茶区。位于长沙中下游南部，包括浙江、湖南、江西等省和皖南、苏南、鄂南等地，为中国茶叶主产区。生产绿茶、红茶、黑茶和花茶等及各种名茶：西湖龙井、黄山毛峰、碧螺春、君山银针和庐山云雾等。

（4）江北茶区。位于长江中下游北岸，包括河南、陕西、甘肃、山东等省和皖北、苏北、鄂北，主产绿茶。

问题02：哪些因素会导致茶叶变质

通常造成茶叶变质的因素主要包括以下几个方面：

（1）温度：室内温度每升高10度，干茶褐变3～5倍，在10度以下可抑制变质。

（2）水分：水作为化学反应介质，含水量越高，内含物质变质越快。

（3）氧气：直接参与变质反应的物质。

（4）光线：起催化剂作用，对维生素和叶绿素影响最大。

问题03：普洱茶可分为哪几类

普洱茶是云南特有的地方名茶，是以云南原产地的大叶种晒青茶及其再加工而成的两个系列。根据其制法，可分为生茶和熟茶两类。

（1）生茶。采摘后以自然方式发酵，茶性较刺激，放多年后茶性会转温和，好的老普洱通常是以此种制法。

（2）熟茶。以科学加上人为发酵法使茶性温和，让茶水达到软水好喝。

问题04：茶具有哪些种类

按照茶具的质地，可分为以下七类：

（1）陶土茶具：紫砂茶具、陶质茶具等。

（2）瓷器茶具：白瓷茶具、青花瓷茶具等。

（3）玻璃茶具：玻璃茶杯、玻璃壶等。

（4）金属茶具：金、银、铜、铁、不锈钢。

（5）漆器茶具：漆器茶杯、漆器茶托等。

（6）竹木茶具：竹木茶杯、竹木茶托等。

（7）石器茶具：玉石茶具、玛瑙茶具等。

问题05：红茶具有什么功效

红茶具有利尿、解毒、消炎杀菌、提神消疲、生津清热五大功效。

（1）利尿。在红茶中的咖啡碱和芳香物质的联合作用下，增加肾脏的血流量，提高肾小球过滤率，扩张肾微血管，并抑制肾小管对水的再吸收，于是促成尿量增加。

（2）解毒功效。红茶中的茶多碱能吸附重金属和生物碱并沉淀分解，对饮水和食品受到工业污染的现代人而言，可谓是一福音。

（3）消炎杀菌。红茶中的多酚类化合物具有消炎的效果，细菌性痢疾及食物中毒患者喝红茶颇有益，民间也常用浓茶涂伤口、褥疮和香港脚。

（4）提神消疲。红茶中的咖啡碱借由刺激大脑皮质来兴奋神经中枢，促成提神、思考力集中，进而使思维反应更加敏锐，记忆力增强。

（5）生津清热。夏天饮红茶能止渴消暑，是因为茶中的多酚类、糖类、氨基酸、果胶等与口涎产生化学反应，且刺激唾液分泌，导致口腔觉得滋润，产生清凉感。

此外，红茶还具有防龋、健胃整肠助消化、延缓老化、降血糖、降血压、降血脂、抗癌、抗辐射等功效。

问题06：绿茶具有什么功效

绿茶在我国被誉为“国饮”。现代科学大量研究证实，绿茶确实含有与人体健康密切相关的生化成分，绿茶不仅具有提神清心、清热解暑、消食化痰、去腻减肥、清心除烦、解毒醒酒、生津止渴、降火明目、止痢除湿等药理作用，而且还对现代疾病，如辐射病、心脑血管病、癌症等疾病，有一定的药理功效。具体而言，绿茶具有以下功效：

（1）有助于延缓衰老。茶多酚具有很强的抗氧化性和生理活性，是人体自由基的清除剂。

（2）有助于抑制心血管疾病。茶多酚对人体脂肪代谢有着重要作用。

（3）有助于预防和抗癌。茶多酚可以阻断亚硝酸铵等多种致癌物质在体内合成，并具有直接杀伤癌细胞和提高肌体免疫能力的功效。

（4）有助于预防和治疗辐射伤害。茶多酚及其氧化产物具有吸收放射性物质锶和钴毒害的能力。

（5）有助于抑制和抵抗病毒菌。茶多酚有较强的收敛作用，对病原菌、病毒有明显的抑制和杀灭作用，对消炎止泻有明显效果。

（6）有助于美容护肤。茶多酚是水溶性物质，用它洗脸能清除面部的油腻，收敛毛孔，具有消毒、灭菌、抗皮肤老化，减少日光中的紫外线辐射对皮肤的损伤等功效。

（7）有助于醒脑提神。茶叶中的咖啡碱能促使人体中枢神经兴奋，增强大脑皮层的兴奋过程，起到提神益思、清心的效果。

（8）有助于利尿解乏。茶叶中的咖啡碱可刺激肾脏，促使尿液迅速排出体外，提高肾脏的滤出率，减少有害物质在肾脏中滞留时间。

（9）有助于降脂助消化，唐代《本草拾遗》中对茶的功效有“久食令人瘦”的记载。我国边疆少数民族有“不可一日无茶”之说。因为茶叶有助消化和降低脂肪的重要功效。

（10）有助于护齿明目。茶叶中含氟量较高，每100克干茶中含氟量为10～15毫克，且80%为水溶性成分。茶叶中的维生素C等成分，能降低眼睛晶体浑浊度，经常饮茶，对减少眼疾、护眼明目均有积极的作用。

附录01：量贩式KTV顾客问题标准应对

一、量贩式KTV顾客问题标准应对（服务问题）

问题	回答范例
当客人强行要求指定人员来服务时	“对不起，××先生/女士，因为我们这里采用的是走动式服务，服务人员是不固定的，如果您需要服务的话可以按服务铃，我们马上会有服务员为您服务的，真的不好意思。”
客人在消费完毕时，提出赠送大量的笔和打火机留念	“对不起，先生/女士，笔和打火机是供客人消费时使用的，而非赠送品，所以数量有限，真的不好意思。”
客人问在这里买蛋糕，是否有蜡烛	“有的，我们会为您提供蜡烛、碟子以及叉子，除此之外还可以提供代打字幕及播放生日快乐歌等服务。”
是否可按照他的意思打字幕（不符合规定）	“对不起，先生/女士，因为电脑程序的因素，目前字幕机只能打生日快乐、寻人、寻车、新婚快乐、节日快乐、身体健康、学业有成的字幕等，谢谢。”
我朋友过生日你们有什么可以招待的	“先生/小姐您好，首先祝您的朋友生日快乐，我们可以为您的朋友在电视屏幕上打生日快乐字幕以及播放生日快乐歌，并可代为订蛋糕。”
客人反映自带蛋糕，可否借其刀子切蛋糕	“先生/女士，若您要切蛋糕我们可为您代劳，请问要切几块呢？”（若客人要自己切，则提供塑料刀）
客人回店里找遗失物	“请问您是否知道原先消费的包房号码及消费时段吗？”“好的，我马上帮您查一下，您请稍等”（服务人员的感觉要比客人还急——查看遗失簿是否有登记，并询问相关人员，若此包房无其他客人则立即进包房找寻） 若完全找不到：“先生／小姐真的不好意思，目前我们服务人员都找过了，还是没有找到，如果您方便的话请先留下您的联络电话，找到后我们会马上通知您的，或者晚一点再请您打电话来询问看看。”

（续表）

问题	回答范例
客人带宠物来消费	“对不起，先生/女士，带宠物是无法进娱乐场所消费的。真的不好意思。”如客人执意坚持则给客人提供纸箱，建议客人把宠物放入纸箱内
如果在营运繁忙的时候，客人埋单后不走	（1）“先生/女士，对不起，您是否还需要续唱？” （2）要续唱：“好的，那我帮您开续唱单。” （3）不续唱：“谢谢，请您离场时勿忘随身携带的物品”（若客人还是不走，则回报组长）
为什么包房不可以关灯	“对不起！因为相关部门规定，所以麻烦您一下，需要将包房电灯打开，谢谢您的配合，谢谢。”
为什么没有牌	“先生，对不起!因为相关部门有规定餐饮娱乐场所，不准提供此项服务，真的不好意思。”
为什么你们公司不能打牌	“对不起，因为这是配合相关单位的一些规定，只能依照执行，真的对不起！”（回报组长）
客人在包房内有赌博等违法行为发生时	“对不起，先生/女士，因为这里经常会有相关单位来检查，为了避免您不必要的麻烦，请您配合，谢谢!”
客人要拿走KTV杂志	“先生/女士不好意思，因为杂志数量有限，所以暂时仅供大堂阅览，真的对不起！”
为什么现在包房内没有打火机了	“对不起，稍等一会儿马上给您送过来。”
客人不坐沙发，站在大理石桌上乱摇	“对不起，打扰了，先生/女士，大理石桌面非常滑，为了您的安全，麻烦您尽量不要站在桌子上，以免摔倒，真的不好意思。”
我不小心打碎一只杯子，是否需要赔钱	“先生/女士，请您先看有没有受伤？我马上帮您收拾一下，您也不是故意的，不需要赔钱的。”
为什么你们这里不能兑换外币	“因为本KTV没有授权许可合法的外汇买卖，所以没办法兑换外币，真的不好意思。”
客人在消费当中给小费的时候	“先生/女士您好，为您服务是我们应该做的，您也不用客气的。”

（续表）

问题	回答范例
客人在埋单后给小费的时候	“谢谢您，欢迎您下次光临，我们会尽心为您服务的。”
客人问到的是您不了解或不确定的事	“对不起，先生，我马上出去帮您询问，请稍等一下。”
是否免费供应润喉糖	“对不起，先生/女士，我们这里还未提供此项服务，不过您的建议我们会反映给主管的，谢谢。”
为什么服务员这么少？服务铃按那么久都没人来	“不好意思，让您们久等了，请问有什么需要服务的吗？”

二、量贩式KTV顾客问题标准应对（消费问题）

问题	回答范例
为什么没有“贵宾卡”	“先生/女士，不好意思，因为凡是来本店消费的客人都是我们的贵宾，我们均会以最好的服务来对待每个客人，所以没有贵宾卡。”
为什么包房费这么贵	“我们的包房在不同的时段有不同的价格，比如在凌晨档与白天会比较实惠，建议您下一次可以根据您的时间，安排不同的时段来本店进行消费。”
八点钟以后为什么这么贵	“先生/女士，对不起，因为20：00～00：00是我们的正常价格，其他时段都是优惠后的价格。”
作为大众化消费，为何其餐点不能像包房价格一样分时段进行优惠	“对不起，先生/女士，我们在部分时段的餐点或酒水消费，也有做特惠价的。比如01：00～19：00……很实惠的。”
门市停电，客人欲前来消费（电话）	“先生/女士，非常对不起，因为本店目前停电，暂时无法为您服务，建议您可拔预约电话，××××-××××进行询问，预约好消费的时间段，真的非常对不起!”
门市停电，客人欲前来消费（现场客人）	“××先生/女士，非常对不起，目前本区域停电，原因正在查明，建议您可拔预约电话，××××-××××进行询问，预约好消费的时间段，真的非常对不起!”（送上消费店卡）

（续表）

问题	回答范例
抵用券为何不送了	“××先生／小姐对不起，因为我们每个时期的优惠活动都不一样，目前正在举办的是×××活动（解释详情）。”
为什么一样是小包房价格有差异	“因为包房形式有不同，套房式包房有较近的化妆间，而豪华式包房化妆室会比较远。”
为什么我上次来你们这里的自助餐点没有了	“××先生（小姐），非常对不起，因为我们这里自助吧所提供的餐点每隔一段时间就会有更新，所以您要的已经没有了，不过现在我们新推出的口味不错，您是否需要来一点尝试一下？”
凌晨2点以后还营业吗（一般消费者）	“对不起我们原则上营业到凌晨2点，如果您要继续消费下去的话，我们会视情况尽量配合您的。”
为什么现在凌晨2点以后不能营业（特别的情况）	“因为我们要配合政府相关政令，不便之处请您见谅。”
如何使用抵用券	“只要您依现时段抵用券相应金额抵用埋单时的消费即可。”

三、量贩式KTV顾客问题标准应对（预约问题）

问题	回答范例
有预约的客人到时未能进包房	（1）有包房正在埋单：“先生/女士，对不起，现在楼面包房正在埋单，我们会加快埋单及清包的速度，耽误了您的时间，我们会在您消费的时间上适当进行补充，请您稍候。谢谢!” （2）目前暂时没有埋单：“先生/女士，对不起，在您前一批消费者还未离场，我们已经请他们尽快埋单，请您稍候。耽误了您的时间我们会在你消费的时间上适当进行补充的。”并再次致歉。
为什么一定要预约	“先生/女士，对不起，我们之所以采用预约制度，这样可以让您到了现场后避免不必要的等待，节约您宝贵的时间。”
在预约时，贵公司能不能明确告知是哪一间包房	“先生/女士，对不起，因为预约包房只是帮您安排了一个顺位号码，至于哪一间包房要到达现场后视当时包房状况而定，不过我们会尽量安排适合您的包房。”

（续表）

问题	回答范例
为什么你们店不可帮我预约，订位	“先生/女士，对不起，因我们预约中心会留下您的个人资料及电话等，若您需要的话，我也可以帮您预约订位。”（订完位后将店卡递上供客人参考）
推客单	“先生/女士，我们已经为您联系好了××店的包房，这是联系凭证，您可以连同车资发票，在尽快的时间内与我们××店接待取得联系，他们会为您提供尽可能的方便，谢谢！”
顾客不愿等候欲离去（快有包房时）	“目前已有包房在埋单，麻烦您到大厅再稍坐等候，等包房一整理好，立刻为您安排。”
顾客不愿等候欲离去（短时间内无包房）	（1）预约客人：“先生/女士，很不好意思耽误您这么多时间，可不可以请您再稍坐片刻，延迟的时间，我们一定会从您的消费时数中延长，实在很对不起！” （2）无预约客人：“先生/女士，实在很对不起，今天来消费的顾客较多，目前包房客满，且没有包房埋单，请问要不要先预约下一个时段，然后在大厅看个杂志或是外出，等预约时间到了再来。”
当时为客满状况，未预约的顾客坚持在现场等候	“先生/女士，非常对不起！因为目前预约都已经额满了，而且现在包房全满了，如您需要等候的话（大约要等到时间），这样会耽误您很多时间，建议您可以晚一点打电话到预约中心询问看看（有没有取消预约的），真的非常对不起！”
预约顾客延迟到达，且当时为客满状况	“先生/女士，非常对不起！您的预约时间已经超过了，建议您下次若赶不及可先打电话过来，我们会将您的预约号码多保留10分钟。”

四、量贩式KTV顾客问题标准应对（点餐问题）

问题	回答范例
开洋酒为什么没有优惠	“先生/女士，对不起，我们售卖的洋酒均是以优惠价售卖的，另外除单杯以外其他部分瓶装有附赠饮料。”
为什么我的餐点来得这么慢	“对不起，先生！请问您点的是什么餐点，我马上催一下，请您稍等。”（了解餐点情形后回复）“先生/女士，您的餐点正在加紧制作中，请稍候。”

（续表）

问题	回答范例
为什么我点的什锦水果将近半小时了还没有上	“先生，对不起让您久等，我马上帮您去催一下。”
我要点拼盘，话梅两份，其他花生、开心果、八宝豆各一	“先生/女士，对不起我们干果拼盘可在干果类中任选五样，不同品种的，如此您可有多样化的选择，若您较喜欢某样干果，建议您以单点方式，分量较多。”
客人反映餐点太甜（咸、油、稀、淡、辣）	“先生/女士，对不起，这份餐点的口味特色比较甜（……），如您觉得不太合您的口味，我可以为您请厨房重做一份或换其他餐点，您看可以吗？”
珍珠奶茶的珍珠太少	“对不起，先生/女士，目前所售卖的餐点，是按比例搭配的。如果您觉得珍珠太少，那我们这里有提供单点的珍珠。”
鸭脖子为何这么黑	“先生/女士，很对不起。因为鸭脖子是用卤水卤过的，看上去是这种色泽，但并不影响口味。”
餐点内有异物	“先生/女士，对不起，马上帮您更换一下。”
为什么我们不可以自带酒或者收开瓶费	“先生/女士，对不起，本店是欢迎外带食品的，但酒类除外，因不准自带酒所以无法帮您收开瓶费，建议您下一次来消费，可直接在这里点用酒水。”
为什么没有苏打水	“先生/女士，对不起，本KTV暂时还没有售卖苏打水，我们会向主管建议的。”
是否有点心拼盘	“对不起，先生，我们这里还未提供点心拼盘这项服务，不过我会将您的意见反映给主管的，谢谢!”
餐点品种和口味不同地区的店都不一样	“先生／小姐，非常感谢您的关心，我们在每个地区开店都会根据当地的餐饮习惯和口味要求进行调整，看来您对我们几个地区的店都非常了解，感谢您对本KTV的支持与关注，谢谢您。”
可不可以点一份什锦水果只要里面的苹果	“先生／小姐，对不起因为我们的什锦水果是按照一定的配方制作的。”
为什么牛肉面（或其他餐点）没有以前好吃	“先生／小姐，非常感谢您的意见，我们马上会改进的。”

五、量贩式KTV顾客问题标准应对（工程设备问题）

问题	回答范例
空调太冷（太热）	“对不起，那我帮您调节一下空调（帮客人调空调开关至最佳状态或者可送入温水/冰水）。请问这样的温度可以吗？稍后若还有不适，请按服务铃，谢谢!”
包房异味过重，空气不好	“先生/女士，对不起，我帮您将排风开到最大，再帮您喷一点空气清新剂，如果还不行的话我尽快帮您安排另一间包房。”
为什么不能打长途电话	“对不起，先生/女士，我们这里还没有提供这项服务。谢谢！”
玻璃太透明什么都能看到	“对不起，先生/女士，我们这里的包房设计都是配合文化局的规定的，真的不好意思。”
别家KTV电脑里有游戏，你们怎么没有	“因为我们这里的电脑系统没有设置此项功能，不过您的建议我们会反映给主管的，谢谢！”
我的房间旁边为什么没有化妆室	“因为您所在的是豪华式包房，所以没有较近的化妆室，若您需要的话可以至公共化妆室，化妆室在……”
为什么门关不上	“先生，对不起,马上请人帮您处理。”（处理完后回复给客人）
为什么套房式包房较豪华式包房贵	“对不起，因为套房式包房旁边设有较近的化妆室，而豪华式没有，所以价格也略作区别。”
包房里的空调好像一点用都没有	“先生/女士我马上为您查看一下。”（根据状况分别帮客人关闭、调大、调小送风量，调节理想温度等，如后续效果不佳则报备后建议客人换包房）

六、量贩式KTV顾客问题标准应对（机具问题）

问题	回答范例
能否录制个人CD	“对不起，先生/女士，我们这里目前没有这项服务，我会将您的意见反映给公司的，请问您是否需要磁带呢？”
能否自行调节音效或反应回音不够	“对不起，先生/女士，现在我们有新增四种音场切换功能，可以调节音效。”（若客人还不满意应尽快通知维修人员处理）

（续表）

问题	回答范例
为什么会有啸叫	“对不起，先生/女士，我先帮您查看一下。”（麦克风音量是否调在最大；麦克风之间的距离是否很近并且正对着；麦克风是否正对着音箱，若查看的结果不在上述范围之内，则先关上麦克风开关，并请客人稍候，进行更换。）
为什么点歌按了确认却显示无效	“对不起！先生/女士，我们这里点歌方式有电脑键盘和遥控器两种，若在使用过程中交叉使用的话有可能会显示无效。”（告知客人正确的使用方法，若仍有问题也可能是机具，电脑故障引起，可请专人处理。）
音效很闷感觉不好	“对不起，先生/女士，马上请技术人员帮您调节一下。”
电视画面连续跳动好几次	“对不起，先生/女士，请问这首歌还需要继续唱吗？”（若客人不需要先切掉再询问客人是否需再放一遍，若客人要，可请客人直接唱下去，并通知主控此歌质量差）
为什么包房不能多加几个话筒	“对不起，因为包房中只有两个插口，所以无法增加，真的不好意思。”
可否再加一个无线MIC	“对不起，先生，因包房内只有两个无线MIC的接收器，所以没有办法，真的不好意思。”
为什么以前我唱的包房有无线MIC	“无线MIC目前我们只提供在大房间内使用，以方便大房间的使用。目前中、小房间暂不提供，我会将您的意见反映给主管的，谢谢!”
为什么很多新歌你们这里都没有	“因为我们所提供的歌曲均必须由文化部审核后才提供播放的，请您见谅。”
大堂的MTV可否再新一点	“非常感谢您的宝贵意见，如果有更新的MTV，我们一定马上播放。”
中断音乐是否可以响一点	“先生，可以的，我马上帮您调响一点。”（解释中断音量钮）
为什么电视机画面会不动了	“先生／小姐，对不起，我马上帮您处理。若还有这样的话请按服务铃，我们会立即处理的。”
为什么包房内音响品牌会不同	“先生，我们这里所有包房的音响品牌虽有所不同，但效果都是一样的。”

七、量贩式KTV顾客问题标准应对（放歌问题）

问题	回答范例
歌曲是否有重复播放的功能	“先生（小姐），如果您想多唱几遍，可直接用电脑多点几遍即可。请问是否有要重复的歌曲，我可以帮您点播。”
最好播放的全是原版带（原人原唱）	“先生/女士，对不起，因配合相关单位规定，我们需有一定数量的原版国产盘片，故会有非原人原唱的歌曲，但我们会尽量为您播放原人原唱版本的。”
客人反映部分歌曲不多	“先生/女士，对不起，我会将您的意见反映给公司的，谢谢！”
客人反映歌找不到	“好的，先生/女士，请问您想唱哪首歌，请稍等。”
为什么我前几天点这首歌都有，今天却没有了	“先生/女士，非常对不起，请问您想唱那一首，我帮您查一下。”
这里有些歌曲为什么都没有原唱功能	“对不起，先生/女士，这里有部分的曲带确实只有伴唱功能，不便之处，敬请见晾。”

八、量贩式KTV顾客问题标准应对（埋单问题）

问题	回答范例
顾客预付现金	“好的，先生/女士，待会若您要埋单时可再知会服务人员，您的预付金额××元，我已经为您登记了，祝您消费愉快。谢谢！”
发票金额可否多开，可否不开日期	“对不起，先生/女士，因配合工商局管理规定，发票需和您的账单一起依照实际消费金额开立，日期也同样不能不写，真的不好意思!”（如客人进一步要求日期不写，可请示主管后弹性处理）
埋单发现收到假币	（1）仍在包房：“对不起，先生/女士，您方便的话可以换个零钱吗？” （2）出示假币；“您的这张××元在我们的验收过程中出了些问题，真是给您添麻烦了。” （3）已出包房：“对不起，先生/女士，在我们的验收过程中，您的这张××元有些小问题，方便的话您可以换一张吗？”

（续表）

问题	回答范例
为什么结账那么慢，特别是刷卡	“对不起，先生/女士，我立即为您催一下。”
能否增加信用卡的消费种类	“先生/女士，对不起，我会将您的意见反映给主管的，谢谢。”
为什么不能用支票付款	“先生/女士，对不起，目前我们暂时还未开通此项业务，不便之处，敬请见谅。”
顾客要求一张信用卡连续刷“二笔账单”交易时	“先生/女士，非常对不起，因同一张信用卡无法连续执行两笔交易，建议您可将其中一笔交易换张信用卡或现金付款，造成您的不便，真是非常对不起。”
帮我把买烟的钱和单子一起开张发票	“先生，非常对不起，我们的烟是代销的，所以不能和单子开在一起，只能帮您单独开一张发票。”
同一笔账单顾客使用同张信用卡交易二次（含）以上时	“先生/女士，非常对不起，因同一笔账单无法使用同一张信用卡连续交易两次，建议您可以换张信用卡或现金付款，造成您的不便，真是非常对不起。”

九、量贩式KTV顾客问题标准应对（其他问题）

问题	回答范例
客人要找门市主管	“好的，先生／小姐，您好，请问有什么可以代劳吗？……请问您贵姓，方便留下全名吗？”（记客人姓名及反映事项并立即回报组长处理）
询问外场人员有关部门主控、吧台、办公室等内线电话时	“对不起！先生／小姐，请问您需要什么服务吗？”（根据客人之要求做解答及回复处理）
客人有洋酒可否寄放	“对不起，先生/女士，我们这里暂不提供这项服务，谢谢！”
楼面突然跳电	及时进入包房对客人进行安抚：“对不起，打扰了，先生/女士您好，目前本区域停电中，相关单位正在处理，为了您的安全，请您在包房稍坐一会儿，不便之处敬请见谅。”

（续表）

问题	回答范例
为什么这里有些灯都关了呢（凌晨2点以后）	“先生/女士，对不起，我们每天都会安排部分的区域作灯具保养，不便之处，给您添麻烦了。”
遇媒体采访	（1）应予以婉拒，并立即回报主管。 （2）应婉转地请媒体与总部各相关单位联系。 （3）若遇特殊事件，相关单位与媒体同时前来时，应立即回报主管，引导其拍摄位置，避免拍摄到与相关商标之地点，及避免打扰其他消费顾客。
警察单位临检	“先生/女士，您好，为配合警察单位临检，请各位先准备好相关证明身份之证件（身份证、驾照），不便之处，敬请见谅！”
当顾客来电或来人欲介绍其公司产品时	“先生/女士，很对不起，建议您跟总部联系，谢谢！”
有不知名人士欲索取公司资料时	（1）确认对方欲索取的信息，若为公开信息（如消费、活动），则应详实解说；若属机密资料（如员工资料、营业收入），则应留意不可任意透露 （2）委婉拒绝：“很对不起，关于×××的问题，我并不清楚，敬请见谅。” （3）务必立即回报相关干部或门市主、副主管

附录02：KTV营业中突发事件30问

1．如何处理素质低的客人？

在服务中有时会出现客人把脚放在台上，这时可以利用经常换烟灰缸或收拾台面来干扰客人，同时礼貌地提醒客人把脚放下。

2．如何处理喝醉酒到处闹事的客人？

服务员应马上通知喝醉酒客人的朋友，把其劝回自己的房间或先把其送走，在不得已的情况下才通知保安，以免把事情闹大。

3．如何处理客人发生口角、打斗？

服务员发现客人开始产生口角，应立即通知领班出面调解，如发生打斗应马上通知经理，如情况严重的即时通知保安，让保安把打斗的客人送出门口并注意事态的发展。

4．如何处理客人自带酒水，食物？

服务员发现客人自带酒水、食物时，应向客人解释本店不接受客人自带酒水食物的，如客人一定要的话，应通知上司进行解决。收取相应的开瓶费或请客人存放在寄存处，并在酒水单上写明开瓶费及相应价钱。

5．客人在大厅不消费，应该怎么做？

此时，服务员应多次询问客人要不要饮品，并礼貌地说："先生请问要什么饮料？"如询问多次客人还是说等一等，服务员遇此情况须通知上级主管出面处理。

6．服务员或客人自己将酒水倒在身上，服务员应怎样做？

如果服务员倒酒水在桌上，应马上说："对不起，我马上帮您抹掉。"然后用干净布抹干桌面，换掉原先的酒杯，用新杯重新再倒酒水。如果是客人不小心自己倒洒的，应马上递上毛巾（纸巾）擦掉水迹，再递上纸巾，吸干污物。

7. 客人损坏财物应怎样处理？

服务员首先要保护好现场，让另一服务员通知该区经理，耐心向客人解释物品的贵重，如音响之类应照价赔偿，如客人继续其行为，则通知保安将其送到公安机关处理。

8. 打破玻璃或倒洒酒水在地上，服务员应怎样做？

服务员应马上站在现场，提醒过往客人注意，同时立即通知保洁员清洁现场，有异味应喷空气清新剂。

9. 客人遗失物品怎样处理？

服务员应马上通知经理，负责该段的服务员要站在现场等经理及保安来解决，经理应协同保安部人员仔细检查客人所待过的地方，询问清楚客人到过的地方以及和哪些朋友在一起，是否朋友拿了去用。同时也检查该服务员，询问当时情况，并立即通知保安检查该员工储物柜。如还没有找到则让保安做好记录，以便以后有线索可以联系到该客人，下班后认真检查员工手提袋。

10. 客人在洗手间跌倒或晕倒怎么办？

此时，保洁员应马上扶起客人，通知经理，如客人有伤即扶到安全的地方稍作休息，用药物稍作治疗，情况严重应叫保安将该名客人送到附近医院就医。

11. 发现假酒，但酒已打开怎么办？

服务员应确认酒是否有假，如发现卖的是假酒应马上向客人道歉，马上通知经理换取另一支新酒给客人，在客人面前开启并让客人亲自尝试该酒，然后把该情况书面报告给上级领导，留作明天把酒交给供应商换取新酒。

12. 客人在场内到处走动，到处张望不作消费应怎么做？

服务员发现此情况应上前询问客人是哪间房的，如没有位置供其消费应马上通知咨客带位，让其消费，经理应通知保安注意该客人动态，有可能是小偷。

13. 客人遗落物品在场内应怎么办？

服务员在客人离开前应提醒带齐物品，如有发现遗落物品应马上上交经理。同时，由相关人员做好登记，方便客人领取。

14. 客人投诉房间音响？

在服务过程中应注意音响的现场效果，有问题即通知音响师处理。如房间音响经调试仍需转房，但房间已满座，服务员应先用礼貌用语安顿好客人。若有空房即马上安排转房，经理亲自入房作道歉及通知音响师尽量修好该房间音响，直至有包房可换。

15. 客人酒醉后闹事应怎么办？

经理先稳定其情绪并尽量将闹事者拉开，如能自行控制场面则不用通知保安，以免将事情再扩展恶化。如果客人还是继续其行为不肯罢休，则要观察当时的情况会否恶化，若事态严重应立即通知保安部，让保安领班先上前调解，其余的保安员站立在客人看不到的地方，以便在需要时予以支援。

16. 开爆啤酒时服务员如何处理？

服务员如果开爆啤酒，应马上向客人说："对不起，我马上帮您换另一瓶。"服务员将房间内事情安排好后，要立即向领班汇报情况。当然，防止此类事件发生最好的方法是加强服务员开酒的技能和手势的培训，减少损耗。

17. 当客人携带手提包及其他物品时，你应如何处理？

服务员应主动提醒客人如果方便，请把东西拿去寄存，如果不需要，应提醒客人小心保管好自己的物品，以免遗失，造成不必要的麻烦，引起客人不开心，同时让客人感到本店良好的职业道德和服务态度。

18. 当客人不小心摔烂杯子，应做些什么？

服务员应以和蔼的语气安慰客人："没关系，请问有没有割伤？"并请客人小心地离开座位，立即清理现场，把碎杯扫干净再请客人回到座位。让客人感到处处关心、帮助客人排忧解难的周到服务。

19．当客人有不满意食物或饮品时，应怎样做？

服务员要上前询问客人意见，找出问题所在，如果食物或饮品质量有问题，应马上跟客人道歉："不好意思，我马上帮您更换。"撤走东西，然后通知上司，送回出品检查。如果食物或饮品没问题，只是口味问题，应该跟客人解释："对不起，我们的出品方式是这样的，如果您不满意，我会向经理汇报，希望下次能够使您满意。"然后设法补救，有必要时请经理出面。

20．营业高峰期如洛杯、扎壶不够用，应怎样处理？

多向客人推销饮品或支装啤酒，多巡台，勤帮客人斟酒，把台面不用的洛杯、扎壶撤走，立即送到保洁部清洗或查看其他区域可否挪用。

21．当客人饮醉酒，呕吐物满地都是或发酒疯时，你应采取哪些措施？

服务员应知会领班通知保安部，让保安协助客人离场，然后，通知PA部，并协助PA清理现场，迅速擦干净。

22．下单时不小心写错了饮品名称，该怎么办？

服务员应及时跟踪查单，如果饮品已经到了房间，应向客人道歉，并征求客人意见要不要更换。

23．当火警发生时，该如何处理？

当火警发生时，不论程度大小，必须采取如下措施：

（1）保持镇静，不能惊惶失措、大喊大叫。

（2）第一现场员工必须稳住客人的情绪。对客人讲："各位贵宾，本店的应急消防员正在扑灭火患，目前正得到控制，请诸位不要惊慌。"

（3）了解客人有无埋单并知道消费情况。

（4）呼唤附近同事援助，帮助留意该区域内的客人动向，防止跑单。

（5）通知保安（附近的），说出火警发生的具体地点及火情。

（6）在安全的情况下，利用就近的灭火器，配合保安尽力将火扑灭。电器起火用1211型号灭火器或干粉灭火器；香烟未熄灭而引起的火灾，用1211型号灭火器；因漏电短路而引起的火灾，切记不能用水和泡沫液体型灭火器，一定要用1211型干粉型灭火器。

（7）关掉一切电源开关（含电器用具类）。

（8）如果火势蔓延，必须配合保安、经理及同事引导客人按正确的安全通道撤离火警现场，以避免客人受到损伤。

24．客人打架、斗殴时该如何处理？

根据事态情况，酌情分级处理。

（1）第一时间通知就近保安部工作人员，让他们第一时间赶到事发现场，并控制场面，防止事态扩大。

（2）详细了解争执原因，并尽快把事态经过上报主管、经理，由管理人员安排和协调，并视情况不同而分级、分别处理。

（3）如发现客人之间发生轻度摩擦，应尽快加以劝阻，并以中间人的立场加以双方面的劝慰，避免事态升级。

（4）如果事态比较严重，则以最快的方法第一时间通知有关部门到场，控制双方人员产生冲突的可能，并尽量将客人安排可能相隔远些的位置。让保安留意客人的行为，防止再度引发冲突。

25．对患感冒客人应提供怎样的服务？

（1）为客人关小空调。

（2）为客人提供披巾服务，处处关心客人。

（3）为客人点用“可乐煲姜”让其饮用或去医务室拿感冒药给客人服用。

26．客人擅自拿取公司器具，发现时应该怎么办？

服务员首先向客人婉转礼貌地询问是否拿错了东西，然后婉转礼貌地告诉客人这种器具本店不能赠送，可以介绍客人去商店购买。如果客人不听、不归还，应立刻通知上级过来处理。

27．客人要向服务员敬酒怎么办？

服务员首先婉言谢绝并感谢客人，主动为其服务，转移客人的注意力。也可以借故为其他客人服务

28．客人叫拿吸管、碟子怎么办？

服务员应说：“对不起，本店规定不可以随便拿吸管、碟子。”礼貌婉转地告诉客人，若客人仍然坚持就说：“如果我们拿了会受到处罚的。”

29．当客人点新歌而电脑没有怎么办？

服务员应向客人道歉并说道：“不好意思，您点的歌非常流行，现在不能满足您的要求，我做了登记会反馈给公司，下次您再来的时候会首先为您点播此歌。”

30．客人对服务员不礼貌时怎么办？

不要指责客人，应避开客人，转移他的注意力，向主管申请调离工作岗位，更换另一名服务员提供服务。

附录03：××KTV反恐怖应急预案

为了保证本店突发事件应急工作高效、有序地进行，最大限度地减轻损失，保障人员的身体健康和生命安全，维护正常的公司运营秩序，根据××市公安部门的要求，结合本店的实际情况，特制定本预案。

一、总则

（一）目的

指导本店做好对突发事件的控制和处理，保障人员的身体健康和生命安全，维护本店运营秩序的稳定，确保突发事件一旦发生，及时采取有效措施，尽量把损失减少到最低程度。

（二）适用范围

（1）因自然灾害而引起的突发事件：台风、地震、地质灾害等。

（2）因事故灾难引起的突发事件：各类安全事故、火灾、公共设施和设备事故、环境污染和生态破坏事故等。

（3）因公共卫生事件引起的突发事件：传染病疫情、食品安全和职业危害以及其他严重影响公众健康和生命安全的事件。

（4）因社会安全事件而引发的突出事件：重大群众事件集会、游行、示威等，刑事案件、邪教或恐怖暴力活动等。

（三）工作原则

以总经理和相关部门负责人为主体成立指挥中心，以运营总监、后勤经理和相关部门负责人为主体成立突发事件应急工作组。

（四）编制依据

《中华人民共和国消防法》、《中华人民共和国食品卫生法》、《传染病防治法》、《××市公安系统反恐怖应急处置预案》的通知等。

二、组织体系及职责任务

（一）突发事件应急工作领导小组。

1. 领导小组成员名单

组长：杨××

副组长：王××、李××

成员：林××、万××、刘××、陈××

2. 任务职责

对全店各种设施进行安全隐患检查及排除，安全知识宣传教育工作的领导、部署和协调，检查应急方案的可行性，负责检查督促准备工作和应急措施的落实。

（二）突发事件应急工作指挥小组

1. 指挥小组成员名单

总指挥：杨××

副总指挥：王××

成员：陈××、林××、万××、刘××

2. 任务职责

在接到本店发生突发事件消息后，突发事件应急工作领导小组立即转为突发事件应急工作指挥小组，按应急方案迅速有效地开展工作。

三、预防预警机制

（一）预防预警信息

本店各部门及相关人员提供相关信息。

（二）预防预警行动

保安部、办公室要经常组织对相关人员进行相关知识及技能培训，提高防范意识和防范能力。

（三）预警支持系统

本店广播系统、电话通信系统，无线对讲系统。

四、应急响应

（一）分级应急响应

突发事件的报告顺序是：发现人→部门负责人→值班经理→总经理。

（二）信息报送和处理

突发事件的信息按报告顺序进行传递，由相关部门和人员进行确认，分清事件的等级，由决策机构进行决策处理。

（三）通信

（略。）

（四）指挥和控制

由指挥中心进行指挥，由工作组进行现场控制。

（五）紧急处置

处置队伍由指挥中心统一调派，区分突发事件类型落实处置措施。

（六）救护和医疗

出品部负责事件的现场救护以及医疗防疫；对轻伤人员进行处置，并协同运输组将重伤人员护送到上级医院。

（七）突发事件的调查、处理、检测与后果评估

事件发生后，由保安部负责事件原因的调查工作，工程部负责事件的检测与后果评估，并形成处理意见。对发生的重大事件，应配合公安、消防及其他专门机构的工作，对事件进行调查、检测与评估。

（八）上报

本店要及时、准确地向上级发送事件的相关信息。

（九）应急结束

事件处理完毕，由总经理宣布应急状态解除。

五、应急保障

（一）通信与信息保障

工程部负责通信系统的维护，确保应急期间信息畅通，并从各种媒体上获取相关信息。

（二）应急支援与装备保障

楼面部提供救援药品：主要有绷带、消毒水、止痛药、消炎药等。

保安部负责联系救护医疗保障单位。

医疗保障主要有医务处的帮助。

保安部和当地公安机关提供安全保障。

后勤部提供财力、物力支持。

（三）技术保障

市消防大队、传染病防治中心、中心医院、××派出所等。

（四）宣传、培训和演习

（1）公众信息交流。预案、报警电话在店内共享，同时在员工公告栏张贴，定期进行安全常识讲座。

（2）培训。由办公室对本店全体人员进行定期培训，对可能涉及的员工进行必要的应急自救与互救教育。

（3）演习。保安部组织、实施各种突发事件的演习。根据突发事件可能发生的场所和特点进行有针对性的疏散演习、应急救援演习等。频次要求每年不少于一次。

六、后期处置

（一）对在突发事件中受伤的员工发放必要的生活用品；对污染物的处理按照国家废物处理的相关规定进行。

（二）为应急人员办理保险业务且及时理赔。

（三）做好突发事件的调查、分析和应急经验的总结，同时提出改进建议。

七、各类突发事件的应急预案

（一）火灾、漏电、房屋倒塌等应急预案

（1）切断电源。（工程部负责）

（2）发生火警，先以灭火器扑灭；火势蔓延，拨打“119”；房屋倒塌且有人员被埋入，拨打“110”，并有组织地进行抢救。（指挥：总经理）

（3）各部门负责人、门卫和其他员工组织人员有序撤至安全地带并组织员工救火救灾。（各部门负责人指挥）

（4）配合消防、医院等单位，做好自救工作。（楼面部负责）

（5）尽可能保护好现场，做好涉及本案的有关证人证词记录。（××负责）

（二）食品中毒事件的应急预案

（1）凡就餐后，员工出现不明病因的肚痛、胸闷、恶心、乏力昏沉、呕吐、水泻等症状，谁发现谁立即报告有关负责人。

（2）迅速与××医院取得联系，采取就地救护。

（3）由总经理或有关负责人就事态情况迅速组织采取救护措施。

（4）对食堂中的预留食品、蔬菜样品由食堂负责人送交事故调查小组，事故调查小组对这些预留样品实行封存。

（5）后勤部经理或有关负责人就事态发展情况迅速与家人联系并向上级主管部门报告。

（三）本店外不法人员进入店内实施暴力或抢劫事件的应急预案

（1）来人强行闯入，保安应力加阻止，不得放行。

（2）来人已强行闯入店内，保安追赶不及，应即电话通知有关部门领导，及时将闯入者查清逐出。

（3）店内发现不法分子袭扰、行凶、行窃、斗殴、抢劫、劫持人质、放火、破坏公私财物等，应立即采取下列处置方法：

——迅速报警（拨打“110”）。

——迅速报告保安部。

——对歹徒进行劝阻或制服，保护在场人员的生命安全。

——迅速报告总经理或有关负责人。

——立即将受伤人员送入附近医院进行救治。

（4）记录不法分子的体貌特征和其他犯罪情节，收集不法分子施暴凶器，保护好案发现场。（保安部负责）

（5）组织店内力量，配合上级有关部门，做好善后工作。（办公室负责）

（四）突发公共卫生事件的应急预案

当社会上出现流行病疫（如“非典”、“流感”、“甲肝”等），凡员工中出现与该病相似的症状时，任何人发现都必须马上报告。本店立即采取下列应急措施：

（1）迅速将病人进行隔离，并及时与员工家属联系，救护小组成员带上口罩立即将病人送往医院诊治。（相应部门负责）

（2）一经确诊为传染性流行病或疑似传染病，迅速如实报告总经理与后勤部经理。（办公室负责）

（3）对该员工所在宿舍及相应的岗位进行严格的消毒和隔离。（后勤部负责）

（4）坚决杜绝染病员工带病来店，必须经医院出具诊断证明已康复并不再存在传染危害后方准来店工作。对可能受到危害的该部员工遵照市局及疾控中心指示，采取必要的控制措施，并根据上级指示，随时采取进一步措施。

（5）在有关部门指导下，采取一系列防范及保护措施。

（五）伤害事故的应急预案

（1）强化平时教育，防患于未然。（人事部负责）

（2）阻止员工在楼梯、走廊等处抢跑、追逐。（保安部负责）

（3）各部门员工群体性活动或外出活动，必须向公司请示、报告，并有有效的安全防范措施。

（4）建立主管首见责任制，活动的组织者或第一个执警者或首位发现突发事件的主管，为第一责任人。如发现员工身体受到意外伤害时，应立即报告公司突发事件应急处理小组，并及时送伤害者到医院诊治。

（5）重大伤害事件及时报告区当地政府。

（6）迅速调查事故发生的原因并整理好有关材料。（办公室负责）

（7）及时通知受伤害者的亲属。（人事部负责）

（8）妥善处理事故。（总经理负责）

（六）自然灾害的应急预案

（1）宣传有关大风、暴雨、地震等自然灾害知识，增强员工的防灾意识，提高在自然灾害发生时的自救本领。（人事部负责）

（2）定时和不定时排查店内排水管道、电器设施、消防安全设施、树木、窗户等安全方面的隐患，发现问题及时补救。（后勤部负责）

（3）接到上级指令或天气监测预报、预警信号，需要停业的，则立即采取措施停业放假。必要时，在未接到上级主管部门停业通知而情况紧急的，由本店应急事件处理小组讨论决定停业放假。

（4）暴风、暴雨、暴雪天气，要有秩序地组织员工安全返家。

（5）本店领导班子成员在接到大风、暴雨、暴雪信息时，随时待命，做好有关工作。发现灾情时，后勤人员在下班前切断电源，检查和加固店内悬挂物等。

（6）发生破坏性灾害后，立即做好抗灾自救工作。同时，做好灾后卫生防疫工作，防止传染疾病在店内滋生、蔓延。

（七）环境污染的应急预案

（1）调查本店周边的环境污染源，如化工厂、液化气厂等，如果发现可能

造成环境污染的源头物，应及时与环保部门联系。同时，备案这些污染源可能产生的污染性质和处理办法。（后勤部负责）

（2）产生环境污染突发事件，应配合环保部门紧急疏散全店员工，同时做好员工的思想稳定工作，并在疏散过程中要维护好员工的秩序。

（3）平时对全店员工进行环保教育和环境污染自护自救教育。（人事部负责）

（八）本店其他突发事件的应急预案

本店发生其他突发事件，本店负责人、各部门负责人和员工应迅速到达现场及相关的工作岗位，应急领导小组成员应迅速组成临时现场指挥部，组织、安排全体员工开展抢救、自救和疏散工作，与有关部门配合开展抢救及现场处置工作。具体应急方案可根据实际情况参照上述预案。

八、附则

（1）在本店突发性事件发生后，活动组织者或第一个接警者或首位发现突发事件的主管，为该预案的第一责任人。第一责任人要以本店利益、员工利益为重，无条件地承担组织、指挥、抢救、控险等报警任务，要充分利用现代化的交通工具、通信工具及时做好组织、抢救和报告工作，若接警后拖延、推诿等，一律视为玩忽职守、失职或渎职。公司视失职情况追究失职者的责任。造成严重后果的，给予严肃的行政处分，直至追究刑事责任。

（2）在本店突发事件发生后，全体员工要树立主人翁意识，要把抢救、保护人员生命安全视为第一要务，站好岗，值好班，不得临阵退缩，更不得采取事不关己的回避脱逃手段，造成严重后果的，依法给予开除、行政处分、直至追究刑事责任。本店领导应身先士卒，坚守岗位，直至最后撤离。

（3）本店出现突发事件后，本店负责人要以最快的速度向辖区政府部门报告。当事人（第一报告者或知情者）在应急领导小组负责人的召集下，在事发两小时内，认真、仔细、如实地填写好突发事件有关表格，以备查用。

（4）对在事故中有突出表现的个人和部门予以表彰和奖励，对事故的责任者给予纪律处分以及依法追求其刑事责任。

附录04：××KTV治安突发事件处理预案

为维护××KTV正常经营秩序和客人的生命安全及财产安全，特制定如下治安突发事件的处理方法及规矩。

1. 保安当班期间发现可疑情况或纠纷事件，应及时与当值班长及其他队员联系。

2. 对于正在发生的刑事案件或可疑情况应及时制止，并由当班班长组织人员对可疑人物进行查询上报。

3. 保安队员必须对发生的刑事犯罪现场进行保护，征得KTV值班经理的同意后，将犯罪嫌疑人移交公安机关处理。

4. 对纠纷事件，保安人员应稳定事态的发展，将对当事人员双方进行劝阻。

5. 如果纠纷是由客人与我方意见不和而产生，我方当事人应礼貌耐心地进行解释说明，平息事端，必要时请上级领导到场处理。

6. 调解人员进行纠纷调解时，事先应了解清楚事件的原因，发生的经过，当事人的身份及申诉的理由后再进行处理。组织人员维护好现场秩序，控制事态的发展，对纠纷双方进行劝解，以缓和事态，如事态无法解决，应将纠纷双方请到办公室，将事态控制在最小范围内。

7. KTV值班经理对纠纷双方进行处理调解，如若还得不到解决，将当事人双方交政府有关部门处理。

8. 如果人员出现伤亡现象，KTV值班经理组织人员保护好现场，并将伤者送到医院抢救，并向公安机关报案。

9. 如果在KTV内发生打架斗殴，保安队员应及时把双方当事人劝开并报公安机关处理。

华睿书库：企业人爱看的书

“制造业·服务业管理工具库”精品书目

HOW-TO企业人手册系列

序号	书　目	定价（元）
1	《优秀仓管员手册》（第4版）	23.00
2	《优秀采购员手册》（第4版）	23.00
3	《优秀品管员手册》（第4版）	23.00
4	《优秀班组长手册》（第2版）	23.00
5	《优秀跟单员手册》（第2版）	23.00
6	《优秀外贸员手册》（第2版）	23.00
7	《优秀员工手册》（白金版）	20.00
8	《优秀生产主管手册》（白金版）	20.00
9	《优秀报关员手册》	23.00
10	《优秀行政文员手册》	21.80
11	《优秀人事文员手册》	21.80
12	《优秀生产文员手册》	21.80
13	《优秀班组长安全管理手册》	25.00
14	《优秀班组长工作模板范本》	25.00
15	《优秀班组长管理工具指引》	25.00
16	《优秀班组长精益管理笔记》	25.00
17	《优秀班组长现场解决方案》	25.00

工厂管理简单讲系列

序号	书　目	定价（元）
1	《现场管理简单讲》（第3版）	30.00
2	《品质管理简单讲》（第3版）	30.00
3	《物料管理简单讲》（第3版）	30.00
4	《9S管理简单讲》（第2版）	30.00
5	《安全管理简单讲》（第2版）	30.00
6	《量规仪器简单讲》（第2版）	30.00
7	《采购管理简单讲》（第2版）	30.00
8	《管理体系简单讲》（第2版）	30.00
9	《质量工具简单讲》（第2版）	30.00
10	《工艺管理简单讲》	19.80
11	《设备管理简单讲》	19.80
12	《目视管理简单讲》	19.80
13	《员工管理简单讲》	19.80
14	《管理方法简单讲》	19.80
15	《过程控制简单讲》	35.00

制造业部门作业指导手册系列

序号	书 目	定价（元）
1	《采购部作业指导手册》（附赠光盘）	26.00
2	《仓储部作业指导手册》（附赠光盘）	26.00
3	《培训部作业指导手册》（附赠光盘）	26.00
4	《品质部作业指导手册》（附赠光盘）	26.00
5	《人力资源部作业指导手册》（附赠光盘）	26.00
6	《生产部作业指导手册》（附赠光盘）	26.00
7	《市场部作业指导手册》（附赠光盘）	26.00
8	《物控部作业指导手册》（附赠光盘）	26.00
9	《销售部作业指导手册》（附赠光盘）	26.00
10	《行政部作业指导手册》（附赠光盘）	26.00
11	《研发部作业指导手册》（附赠光盘）	26.00
12	《售后服务部作业指导手册》（附赠光盘）	26.00
13	《财务部作业指导手册》（附赠光盘）	26.00
14	《工程技术部作业指导手册》（附赠光盘）	26.00
15	《国际贸易部作业指导手册》（附赠光盘）	26.00

工厂问题解决方案系列

序号	书 目	定价（元）
1	《现场改善解决方案》	26.00
2	《TPM 推进解决方案》	26.00
3	《安全生产解决方案》	26.00
4	《不良品消除方案》	26.00
5	《合理仓储解决方案》	26.00
6	《生产成本削减方案》	26.00
7	《生产效率提升解决方案》	26.00
8	《委外加工控制解决方案》	26.00

卓越主管工作手册系列

序号	书 目	定价（元）
1	《卓越采购主管手册》（实战精华版）	29.50
2	《卓越仓库主管手册》（实战精华版）	29.50
3	《卓越物流主管手册》（实战精华版）	29.50
4	《卓越生产主管手册》（实战精华版）	29.50
5	《卓越财务主管手册》（实战精华版）	29.50
6	《卓越品质主管手册》（实战精华版）	29.50
7	《卓越人力资源主管》（实战精华版）	29.50
8	《卓越行政主管手册》（实战精华版）	29.50

中小企业精细化管理工具

序号	书　目	定价（元）
1	《最新中小企业精细化管理表单范本》（附赠光盘）	48.00
2	《最新中小企业精细化管理流程范本》（附赠光盘）	48.00
3	《最新中小企业精细化管理制度范本》（附赠光盘）	48.00

绩效管理实用工具书

序号	书　目	定价（元）
1	《餐饮服务业绩效管理流程·指标·制度·表格》（附赠光盘）	58.00
2	《酒店服务业绩效管理流程·指标·制度·表格》（附赠光盘）	58.00
3	《物业公司绩效管理流程·指标·制度·表格》（附赠光盘）	58.00
4	《制造业绩效管理流程·指标·制度·表格》（附赠光盘）	58.00

绩效考核与测评管理工具书

序号	书　目	定价（元）
1	《餐饮企业绩效考核与测评管理全案》	55.00
2	《零售企业绩效考核与测评管理全案》	58.00
3	《物业管理绩效考核与测评管理全案》	48.00
4	《星级酒店绩效考核与测评管理全案》	58.00
5	《中小企业绩效考核与测评管理全案》	48.00

制造业经理人案头手册系列

序号	书　目	定价（元）
1	《生产经理案头手册》	48.00
2	《质量经理案头手册》	48.00
3	《技术经理案头手册》	45.00
4	《物控经理案头手册》	49.00

制造业规范化管理系列

序号	书　目	定价（元）
1	《制造业规范化管理制度》	56.00
2	《制造业规范化管理表单》	56.00
3	《制造业规范化管理流程》	56.00
4	《制造业规范化管理方法》	55.00

现场管理图文版系列

序号	书目	定价（元）
1	《浅谈·图解5S运作与管理》	28.00
2	《浅谈·图解生产运作与管理》	28.00
3	《浅谈·图解IE运作与管理》	28.00
4	《浅谈·图解仓储运作与管理》	28.00